# IN ITALIA

Graziella Martina
Antonia Pagliarulo

Chancerel

*In Italia* offre un quadro d'insieme dell'Italia odierna. Oltre a cenni di storia, arte, musica e letteratura si trovano informazioni aggiornate sulla società: l'economia, la politica, la famiglia, la vita quotidiana, le Regioni. Il testo di lettura è accompagnato da attività di due tipi, differenziate mediante l'uso di due simboli. Il simbolo ◆ indica attività didattiche basate sul testo e talvolta facilitate da foto o illustrazioni. Il simbolo ● rappresenta attività che permettono allo studente di esprimere le proprie opinioni o idee. I brani di lettura, indicati con un simbolo nel sommario, sono registrati sulla Cassetta 1. Le attività degli esercizi che accompagnano i testi di lettura sono mirate alla produzione scritta e orale. Sulla Cassetta 2 sono registrati dialoghi per le attività di comprensione orale.

## Fotografie

**Foto copertina**: Life File/Emma Lee
Agenzia Turistica della Provincia di Rimini 39; Agriturist 39; Alessi/Michael Graves 5; ANSA 8, 9, 25, 33; APT Asti (Sevorato) 63; Azienda Autonoma di Soggiorno e Turismo, Cagliari 73; APT Cortina d'Ampezzo 53; APT del Comasco 37; APT dell'Arcipelago Toscano 73; APT Gubbio (Foto Gavirati Gubbio) 47; APT La Spezia 63; APT Monte Bianco/Raffaella Nobbio 58; APT Palermo 72; APT Rovigo 58; APT San Benedetto del Tronto 37; APT Spoleto 67 (2); APT Tigullio 4; APT Trieste 65; APT Venezia 64 (2); APT Verona 18, 64; Association Montessori Internationale, Amsterdam, Olanda 101; Comando Generale dell'Arma dei Carabinieri, Roma 62 (2); BFI 28; BFI/Chain Productions 28; BFI/CIBY 2000 29; BFI/Cristaldifilm 25, 29, 70; Bridgeman Art Library 6 (Galleria degli Uffizi), 12 (Fitzwilliam Museum, University of Cambridge), 13 (Forbes Magazine Collection), 14 (Castello del Buonconsiglio, Trento), 15 (Galleria degli Uffizi), 19 (Galleria degli Uffizi), 20 (Giraudon), 21 (Museo del Prado), 21 (Galleria degli Uffizi), 22 (Galleria degli Uffizi), 22 (Lauros-Giraudon): Britstock-IFA/Weststock R. Morley 60; Cartiere Miliani 66 (2); Cephas/Mick Rock 14, 67; Cephas/R.A. Beatty 22, 48, 67 (Mick Rock); Chancerel 4, 30, 61, 68, 76, 80; Chancerel/P. Cassidy 7, 38, 46, 49 (2), 66, 84; Chancerel/D. Prowse 4, 33, 60, 81, 95; J. Chipps 4; Comune di Pianfei 57; Coop. Progetto Integrazione (Telefono Mondo) 32; Das Photo 12, 32, 35 (2), 40 (2), 42, 43 (2), 45, 47, 51 (3), 52, 54 (2), 57, 63, 65, 71, 72, 94 (3); L. Della Casa 45, 46, 51; M. Della Casa 6, 31 (2), 34, 48, 51, 52, 55, 75, 78, 94; Einaudi 25, 72; ENIT, Londra 13, 18, 38, 60; Ente Autonomo Parco Nazionale d'Abruzzo/A. Gandolfi 69; Ente Autonomo Parco Nazionale d'Abruzzo/Tassi 69; FIAT, London 37; FIAT, Melfi 44; Garzanti Editore 23, 25; GIENNE/foto: Rino Petrosino/c 1995 - Bad & Worth Ltd. 27; Hulton Deutsch 11; Il Dagherrotipo/Giovanni Rinaldi 4, 51, 73; Il Dagherrotipo/Mauro de Sanctis 4; Il Dagherrotipo/ Stefano Occhibelli 5 (2), 40; Il Dagherrotipo/Stefania Servili 41 (2); Il Dagherrotipo/Marco Melodia 41; Il Dagherrotipo/Stefano Chieppa 54, 71; Imperial War Museum 17; Istituto e Museo di Storia della Scienza 8; Le Tradizioni di Minturno 27; Mansell Collection 10 (2), 17, 23, 26; G. Martina 7, 11, 19, 30, 37, 47, 48, 50 (2), 55, 57, 61, 68, 95; Mary Evans Picture Library 14; Reinhold Messner 65; Mondadori 34; Mondadoripress 24; Montessori Training, London 9; Museo Nazionale del Risorgimento Italiano 16 (2); National Gallery, London 21; Partito democratico socialista 31; Pirelli SpA 44, 62; Rai 35; Stabilimento Terme di Montecatino 38; Servizio Fotografico, Monumenti Musei e Gallerie Pontificie, Città del Vaticano 20; G. Watson 53.

L'editore è a disposizione degli aventi diritto con i quali non è stato possibile comunicare per chiarire involontarie omissioni o eventuali inesattezze nella citazione delle fonti dei brani e delle immagini riprodotte nel presente volume.

**Hanno collaborato a questo libro:**
**Redazione**: Picot Cassidy
**Consulente per la lingua italiana**: Chiara Gatti
**Ricerca fotografica**: Marco Della Casa

**Impaginazione**: Julia Osorno
**Cartine**: Julia Osorno

Chancerel International Publishers Ltd.
120 Long Acre
London WC2E 9PA

**Stampa**:
Istituto Grafico Bertello, Italia

ISBN 1-899888-07 1
© Chancerel International Publishers 1996
PN 6 5 4 3 2 1 / 1998 / 1997 / 1996

# Sommario

# I mille volti della penisola

Il patrimonio del passato,
le diverse tradizioni, i dialetti
e le differenti vicende
storiche delle varie regioni
d'Italia costituiscono oggi
l'identità italiana.

## La penisola in cifre

**Abitanti:**
57,1 milioni.

**Superficie:**
301.278 chilometri quadrati (km²).

**Regioni:** 20.

**La regione più grande:**
la Sicilia (25.708 km²).

**La regione più piccola:**
la Valle d'Aosta (3.262 km²).

**La regione più popolata:**
la Lombardia.

**Un viaggio in aereo da Milano
(in Lombardia, regione
del Nord) a Palermo (in Sicilia,
regione del Sud):**
1 ora e 35 minuti.

## L'Italia dei campanili

*In Italia esistono grandi differenze tra una
regione e l'altra, differenze che si manifestano
nell'arte e nell'architettura, nella cultura e nelle
lingue locali, nella cucina e nell'aspetto fisico
delle persone. A più di 130 anni dall'unificazione
d'Italia, molti cittadini si sentono prima napoletani
o genovesi e poi italiani. Questo attaccamento
al proprio campanile, alla propria città d'origine,
si chiama campanilismo.*

## Creazioni italiane

La grande creatività e il gusto estetico hanno sempre messo l'Italia al centro della produzione artistica nel mondo. Oggi questa creatività si manifesta nel design industriale e nella moda. Oggetti di uso comune come caffettiere o bollitori diventano piccoli capolavori. Gli stilisti di alta moda sono conosciuti in tutto il mondo. Le loro sfilate si tengono a Milano, a Palazzo Pitti a Firenze, in Piazza di Spagna a Roma o a Parigi.

Maserati, Lamborghini, Ferrari sono auto da favola, prodotte in numero limitato e artigianalmente, perciò molto costose. La Ferrari produce anche auto da corsa e partecipa al campionato di Formula 1.

## La bella figura

Una cosa che accomuna molti Italiani è l'ossessione di fare bella figura. Spesso spendono più di quello che potrebbero permettersi per acquistare dei mobili costosi o un'automobile di grossa cilindrata. Il 30 per cento delle donne indossa vestiti firmati e il 20 per cento degli uomini si fa confezionare il completo su misura.

- Sei mai stato in Italia? Come l'hai trovata?
- Se non conosci l'Italia, qual è la tua immagine del Paese? Corrisponde alle immagini che appaiono su queste pagine?

# La lingua italiana

## Dal latino all'italiano

L'italiano è una lingua romanza. Deriva dal latino, la lingua parlata dagli antichi Romani.

La lingua italiana si fonda sul dialetto toscano-fiorentino, che si è imposto su tutti gli altri dialetti d'Italia. Il motivo di questa prevalenza va cercato nella grande importanza che Firenze ha avuto, fin dall'anno 1300, come capitale culturale della penisola. I tre grandi scrittori toscani del Trecento, Dante, Petrarca e Boccaccio, usano il dialetto toscano-fiorentino nelle loro opere.

Dante Alighieri, grande poeta fiorentino, usa il dialetto nella sua opera più importante, *La Divina Commedia*, e lo fa diventare un modello linguistico per tutto il resto del paese. Per questo motivo Dante è considerato il padre della lingua italiana.

*Dante Alighieri, autore de* La Divina Commedia.

| Latino | Italiano |
|--------|----------|
| tabula | tavola |
| nasus | naso |
| planta | pianta |
| schola | scuola |

● Molte lingue hanno parole che derivano dal latino. Fai tre esempi nella tua lingua.

## Anche noi parliamo italiano

Fuori d'Italia, l'italiano è parlato dagli emigrati e dalle persone che vivono in regioni vicine al confine, che un tempo facevano parte dell'Italia.

Si parla italiano in Savoia (20.000 persone) e in Corsica (16.000 persone), che oggi sono territori francesi. In Croazia si parla italiano nelle regioni dell'Istria (16.000 persone) e della Dalmazia (22.000 persone). Gli abitanti del Canton Ticino, che rappresentano il 10 per cento della popolazione svizzera, parlano italiano.

« *Abito a Locarno, sul Lago Maggiore. Locarno si trova nel Canton Ticino, che si chiama anche Svizzera italiana. L'italiano è una delle quattro lingue ufficiali della Svizzera. Anche se sono svizzera, io parlo italiano, come tutti gli altri abitanti di questo cantone. La mia famiglia è venuta qui cent'anni fa da Milano.* »

● Ecco alcune parole italiane che sono diventate internazionali. Usi queste parole nella tua lingua?
- graffiti
- villa
- opera
- piano(forte)
- pizza
- vendetta

● Conosci altre parole italiane che sono diventate internazionali? Controlla sul dizionario la loro origine.

● Nella tua lingua ci sono parole che sono diventate internazionali?

# I dialetti

In Italia i dialetti sono più numerosi delle regioni e sono molto diversi tra di loro. I dialetti rappresentano la fusione, avvenuta nei secoli passati, tra la lingua locale e quella di un paese straniero al confine o di un paese invasore. Così, ad esempio, il dialetto piemontese, che si parla nel nord-ovest dell'Italia, è stato influenzato dal francese, lingua del paese invasore.

Fino agli anni Cinquanta in molte regioni italiane si parlava soltanto il dialetto. Poi, con la sempre maggiore diffusione di scuole, giornali, radio e televisione, il dialetto ha perso importanza. I giovani per esprimersi usano soprattutto la lingua italiana.

*Parole come carciofo e albicocca sono di origine araba e sono entrate nella lingua italiana attraverso il dialetto siciliano.*

# Si parla anche...

In Italia sono presenti gruppi linguistici non italiani. La maggior parte delle minoranze linguistiche vive nell'Italia settentrionale, vicino al confine. Alcune di queste popolazioni si sono trovate in territorio italiano in seguito a uno spostamento dei confini, altre vi sono arrivate in seguito a migrazioni.

I Ladini sono un gruppo di 750.000 persone che vive sulle montagne del Trentino, del Friuli e del Veneto (le Dolomiti). Provengono dalla Ladinia, una zona alpina che si estendeva un tempo fra la Svizzera e l'Italia. La loro lingua, il ladino, è una lingua romanza.

In provincia di Bolzano, in Alto Adige, c'è un gruppo di 350.000 persone che parla il tedesco. Sempre nel nord dell'Italia, ma a occidente, nel Piemonte, vivono gli Occitani, un gruppo di circa 250.000 persone. Provengono dall'antica Occitania, oggi Provenza, nel sud della Francia. Gli Occitani parlano ancora oggi la lingua d'oc, che era la lingua del sud della Francia.

In Molise, in Calabria e in Sicilia ci sono piccole comunità di Albanesi che sono arrivati in Italia nel XV secolo come soldati e che poi sono rimasti.

*I Walser sono una popolazione di origine tedesca venuta dalla regione svizzera del Vallese molti secoli fa. Si sono stabiliti sulle Alpi piemontesi, dove hanno mantenuto intatte le loro tradizioni. Nella zona in cui vivono si possono vedere le loro tipiche case di legno.*

# Galileo Galilei

Galileo Galilei (Pisa 1564-Arcetri 1642), studioso dei fenomeni della natura e astronomo, è considerato il padre della scienza moderna.

A diciannove anni, mentre è seduto nel Duomo di Pisa e osserva le oscillazioni di una lampada, Galileo formula un'importante legge della fisica sulla durata delle oscillazioni.

Nel 1609 ha notizia di uno strumento ottico usato in Olanda "per vedere le cose lontane come se fossero vicine". Galileo applica questo strumento alla ricerca astronomica e fa delle scoperte importanti, come i satelliti di Giove e le macchie solari. Da allora il telescopio, perfezionato da Galileo, diventa indispensabile per tutti gli astronomi. Galileo sperimenta le lenti anche nell'osservazione degli insetti e dà inizio alla microscopia.

Galileo sostiene la teoria dell'astronomo polacco Nicolò Copernico, secondo la quale il sole sta fermo al centro del sistema solare e tutti i pianeti, compresa la terra, gli ruotano intorno. Questa teoria contraddice però quella della Chiesa, per cui la terra è al centro dell'universo. Galileo viene condannato al carcere. In seguito rinuncia a difendere la teoria di Copernico, ma pronuncia la frase, riferita alla terra, poi passata alla storia: "Eppur si muove!"

*Il vecchio Galileo con Vicenzo Viviani, uno dei suoi allievi.*

# Antonio Meucci

Antonio Meucci (Firenze 1808-Long Island, New York 1889) è un operaio meccanico, emigrato giovanissimo negli Stati Uniti d'America in cerca di fortuna. Fa diversi mestieri ma, allo stesso tempo, porta avanti una ricerca sulla trasmissione della voce a distanza.

Nel 1863 mette a punto un apparecchio che contiene già tutte le parti di un telefono elettrico, con una tecnica di trasmissione della voce che è quella usata ancora oggi. Purtroppo, non ha i soldi né per brevettarlo né per produrlo.

L'inventore scozzese Alexander Graham Bell, che vive negli Stati Uniti, nel 1876 presenta un modello di telefono simile a quello di Meucci e lo brevetta.

Un processo svoltosi nel 1887 stabilisce chi deve essere considerato l'inventore. Antonio Meucci perde la causa e Alexander Graham Bell può sfruttare l'invenzione.

*Antonio Meucci è stato il primo ad avere l'idea del telefono e a realizzarla.*

# Maria Montessori

Maria Montessori (Ancona 1870-Noordwijk, Olanda 1952) è la creatrice di un metodo educativo che porta il suo nome.

Si laurea in medicina poco più che ventenne ed è la prima donna medico in Italia. Nel 1896 è assistente psichiatra e comincia a interessarsi ai ragazzi con handicap mentali ricoverati in manicomio.

Maria Montessori lavora con questi ragazzi e mette a punto un metodo che serve, secondo le sue parole, a "risvegliare la persona che dorme dentro di loro". Nello stesso tempo tiene corsi per insegnanti e diffonde il suo metodo.

Nel 1907 apre la Casa dei Bambini, in un quartiere popolare di Roma. In questa Casa i bambini, dai tre ai cinque anni, imparano giocando e tutto l'arredamento è su misura per i piccoli allievi.

Le scuole Montessori di oggi dimostrano che un metodo che ha dato buoni risultati con ragazzi in difficoltà funziona con tutti i bambini.

*Le scuole Montessori sono presenti in tutto il mondo.*

● Conosci altri personaggi italiani famosi? Per quale ragione sono conosciuti? Scrivi un piccolo testo su di loro.

# Rita Levi Montalcini

Rita Levi Montalcini (Torino 1909) è medico, specializzata in neurologia, la scienza che studia il sistema nervoso.

È di religione ebraica. Negli anni Venti, dopo l'avvento al potere del fascismo, deve lasciare l'Italia a causa delle persecuzioni nei confronti degli ebrei.

Va prima a Bruxelles, dove svolge attività di ricerca in un'università, e poi negli Stati Uniti. Lavora in un laboratorio universitario di biologia e fa un'importante scoperta sul sistema nervoso. Per questa scoperta nel 1986 riceve il Premio Nobel per la medicina.

Oggi vive a Roma e dirige il Laboratorio di biologia del Cnr (Consiglio Nazionale delle Ricerche) di Roma.

*Rita Levi Montalcini riceve il Premio Nobel per la medicina.*

## Scoperti o inventati in Italia!

- Il barometro a mercurio, nel 1643, da Evangelista Torricelli, allievo di Galileo.

- La conduzione elettrica dei metalli, nel 1786, da Luigi Galvani. Dal suo nome deriva la parola galvanizzazione.

- La batteria elettrica, nel 1800, da Alessandro Volta. Dal suo nome deriva l'unità di misura dell'elettricità, il volt.

- Il telegrafo senza fili (antenato della radio), nel 1896, da Guglielmo Marconi.

# Gli Italiani nel mondo

## Verso Est

Per secoli, le repubbliche marinare praticano un fiorente commercio con l'Oriente. I mercanti vanno in Asia a rifornirsi di spezie, pietre preziose e tessuti pregiati.

Marco Polo (Venezia 1254-1324) appartiene a una famiglia di mercanti veneziani. A diciassette anni parte con il padre Nicolò e lo zio Matteo per la Cina per rifornirsi di seta da rivendere a Venezia. I Polo restano in Cina per quasi vent'anni. Ritornano a Venezia soltanto nel 1295, questa volta via mare.

Marco Polo scrive un libro sul suo viaggio in Cina, dal titolo *Il Milione*, perché Milione era il soprannome che veniva dato alla famiglia Polo.

A partire dal XVI secolo, molti sacerdoti vanno a predicare il cristianesimo anche in Asia. Nel 1583 Matteo Ricci (Macerata 1552-Pechino 1610) fonda a Pechino la prima missione cristiana con una chiesa e una scuola.
Fa conoscere ai Cinesi, insieme alla religione cattolica, la matematica, l'astronomia e l'alchimia, e fa conoscere la Cina in Europa con il suo libro *Commentari della Cina*. Pubblica anche il primo mappamondo cinese.

*Nel viaggio verso la Cina Marco Polo attraversa regioni come la Persia (oggi Iran), il Deserto del Gobi e la Mongolia.*

● Fai una ricerca sulla storia di Venezia al tempo di Marco Polo. Cerca informazioni sullo stile di vita dell'epoca.

## Verso Ovest

Cristoforo Colombo (Genova 1451-Valladolid, Spagna, 1506) è il primo navigatore ad avere l'idea di raggiungere l'Asia da occidente, perché convinto che la terra sia rotonda.

Colombo parte il 3 agosto 1492 dalla Spagna. Il 12 ottobre un marinaio avvista un'isola all'orizzonte. Colombo e i suoi marinai sbarcano e decidono di chiamarla San Salvador. Colombo è convinto di aver raggiunto le Indie, anche se in realtà è approdato a quelle che sono oggi le Bahamas.

Sette anni dopo, Amerigo Vespucci (Firenze 1454-Siviglia 1512) esplora le coste di quello che oggi è il Sudamerica. Si rende conto che quella non può essere l'Asia, come crede Colombo, ma deve essere un nuovo continente e lo chiama Mondo Nuovo. Nel 1507 un disegnatore di carte geografiche propone di chiamare America il nuovo continente, dal nome latino di Amerigo Vespucci, *Americus*.

*Colombo parte con tre piccole navi, la Niña, la Pinta e la Santa María e cento uomini. Il viaggio richiede un grande coraggio perché si crede che l'Oceano Atlantico sia popolato di mostri spaventosi.*

# Verso Nord

Umberto Nobile (Avellino 1885-Roma 1978) ha due grandi passioni: l'esplorazione del Polo Nord e la costruzione di dirigibili.

Nel 1926 organizza una spedizione verso il Circolo Polare Artico, insieme con l'esploratore norvegese Roald Amundsen. Nobile è alla guida del dirigibile Norge con un equipaggio di quattordici persone. La spedizione parte dalle Isole Svalbard (Spitsbergen), sorvola i ghiacci del Mar Glaciale Artico e arriva in Alaska.

Nobile organizza una seconda spedizione verso il Polo Nord nel 1928, ma questo nuovo dirigibile, l'Italia, precipita durante una tempesta. Poiché non si hanno più notizie di lui e del suo equipaggio, Amundsen, che non ha partecipato alla spedizione, decide di andarli a cercare con un aereo. Questa sua azione generosa gli costerà la vita, perché l'aereo precipita. Nobile viene salvato da una nave rompighiaccio svedese.

*Il dirigibile Norge*

# In tutto il mondo

Fin dal secolo scorso molti Italiani hanno dovuto lasciare il loro paese per andare a cercare lavoro all'estero. Questo non succede più in modo massiccio, ma fino agli anni Sessanta circa venti milioni di emigrati hanno lasciato l'Italia.

La maggior parte degli emigrati sono dell'Italia meridionale, più povera e meno industrializzata, ma, ancora negli anni Cinquanta, molti piemontesi e veneti sono dovuti andare via perché non c'era lavoro per tutti.

Generalmente gli abitanti di una regione emigravano tutti nello stesso paese. Chi partiva prima, appena si era sistemato, chiamava parenti e amici a raggiungerlo. Per esempio, gli Italiani emigrati in Belgio e in Germania sono quasi tutti dell'Italia del Sud. Negli Stati Uniti e in Australia ci sono immigrati sia del Sud che del Nord.

In Italia ci sono state delle emigrazioni interne. Negli anni Sessanta molte persone sono emigrate dal meridione al settentrione, quando le fabbriche di Torino, Milano e Genova, allora in pieno sviluppo, avevano bisogno di molti operai per lavorare.

 Guarda il segnale stradale a destra. Quali sono i nomi delle città gemellate?

 Quale città si trova in Italia e quale all'estero?

 Secondo te, come mai queste due città sono gemellate?

*Fra gli Italiani emigrati nel sud della Francia e in Argentina ci sono molti piemontesi. Ecco perché ci sono città piemontesi gemellate con città francesi o argentine.*

# Le origini

## I Greci e gli Etruschi

In epoca preistorica la penisola era abitata da popolazioni di varia provenienza che vivevano di caccia e di pesca.

Nei secoli IX e VIII avanti Cristo, nel sud della penisola e nell'attuale Sicilia, i Greci fondano le colonie della *Magna Grecia*.

I Greci introducono la loro tradizione politica, l'uso della moneta e le tecniche di navigazione. Fanno conoscere anche il loro artigianato. Costruiscono splendidi edifici per uso civile e religioso. A Paestum, in Campania, ad Agrigento, Segesta e Selinunte, in Sicilia, ci sono templi costruiti dai Greci. Grandi città come Napoli e Reggio Calabria sono di origine greca.

Non si sa con precisione da dove provengono gli Etruschi né quando vengono a stabilirsi al centro della penisola, anche se il loro arrivo avviene probabilmente intorno al 900 avanti Cristo. Vivono di commercio, d'agricoltura e d'artigianato. Città come Bologna e Rimini, in Emilia-Romagna, sono di origine etrusca.

Gli Etruschi credono nell'esistenza di una vita dopo la morte e pongono nelle tombe oggetti della vita quotidiana come vasi e gioielli.

*Uno dei templi greci di Agrigento*

## Roma tra storia e leggenda

Secondo la tradizione, Roma viene fondata nel 753 avanti Cristo. All'inizio è un villaggio abitato da pastori e contadini, ma, a poco a poco, la sua importanza economica aumenta.

Per convincere gli abitanti dei villaggi vicini ad accettare l'autorità di Roma, viene creata una leggenda sulle origini della città. Questa leggenda narra che i fondatori di Roma sono stati i gemelli Romolo e Remo, abbandonati in fasce e allevati da una lupa. I gemelli, sempre secondo la leggenda, discendono dall'eroe troiano Enea e sono figli del dio Marte e di Rea Silvia. Ancora oggi la lupa con i gemelli è il simbolo della città di Roma.

Per due secoli, fino al 510 avanti Cristo, Roma è governata dai re. Secondo la tradizione sono sette: Romolo, Numa Pompilio, Tullio Ostilio, Anco Marzio, Tarquinio Prisco, Servio Tullio e Tarquinio il Superbo.

*Le religioni di Greci, Etruschi e Romani hanno molte divinità in comune. Presso i Greci il padre degli dei è Zeus ed è lo stesso dio che viene chiamato Giove dai Romani e Tinia dagli Etruschi. La moglie di Zeus è Era per i Greci, Giunone per i Romani e Uni per gli Etruschi. Ha il compito di proteggere i matrimoni e le nascite.*

# Si proclama la repubblica!

Nel 510 avanti Cristo il popolo scaccia il re
Tarquinio il Superbo e proclama la repubblica.
La proclamazione della repubblica porta alla
formazione di una società più democratica, nella
quale cresce l'importanza della plebe, cioè del
popolo.

I plebei formano il grosso dell'esercito
romano, vittorioso in tutte le campagne militari,
prima contro le popolazioni del Lazio, poi contro
le popolazioni dell'intera penisola.

L'esercito romano ha un'organizzazione
perfetta. È formato da soldati a piedi, i fanti, e da
soldati a cavallo, i cavalieri. I successi militari
consentono ai plebei di avere più diritti e di
partecipare al governo della repubblica.

Fra il 264 e il 62 avanti Cristo Roma
conquista tutti i paesi mediterranei. Sconfigge
per tre volte Cartagine, città rivale e grande
potenza marittima, situata sulla costa
settentrionale dell'Africa.

*Ogni soldato, chiamato legionario, ha un elmo,
una corazza e uno scudo per difendersi ed è
armato di giavellotto e di spada.*

# L'impero e la sua fine

Il periodo repubblicano finisce nel 45 avanti
Cristo, quando il condottiero e uomo politico
Caio Giulio Cesare (100-44 a.C.) viene nominato
console a vita, con il titolo di *imperator* e con
poteri assoluti.

Nel 44 avanti Cristo, dopo avere conquistato
la Gallia (l'attuale Francia) e introdotto molte
riforme sociali, Cesare viene assassinato. Gli
succede il figlio adottivo Ottaviano Augusto, che
si fa nominare imperatore e governa per 45 anni.
Augusto diffonde la lingua latina e i costumi di
Roma in tutti i territori conquistati. Durante il suo
regno, in Palestina, che è parte dell'impero
romano, si sviluppa il cristianesimo, una nuova
religione che si diffonde anche a Roma. I suoi
seguaci sono perseguitati dagli imperatori.

Nell'anno 117 dopo Cristo, sotto l'imperatore
Traiano, l'impero romano raggiunge il massimo
dell'espansione. Ad est l'impero include i territori
dell'attuale Grecia, Turchia, Siria e Irak; ad ovest
si estende fino alle attuali Gran Bretagna, Francia
e Spagna. A sud i Romani conquistano la costa
dell'Africa settentrionale e l'Egitto e a nord
occupano territori fino al Danubio. L'impero
romano mantiene per due secoli un livello di
civiltà e di sviluppo economico straordinario.

I Romani sono grandi ingegneri e
costruiscono strade, ponti, acquedotti e città in
tutto l'impero. L'impero romano decade verso la
fine del 300 dopo Cristo per la difficoltà di
difendere e amministrare un territorio così vasto.

*Nel V secolo,
popolazioni di
origine germanica
invadono la penisola.
Sono chiamati
"barbari" (stranieri).
Fra di loro ci sono
gli Ostrogoti, che
provengono
dall'attuale Austria,
sono guidati dal re
Teodorico e si
stabiliscono a
Ravenna. In questa
città si trova il
mausoleo (tomba)
di Teodorico.*

 Completa le frasi:

A La *Magna Grecia* si trova nel...della penisola.

B La città di...è stata fondata dagli Etruschi.

C Secondo la leggenda...sono i fondatori di
Roma.

D L'impero...decade perché troppo grande.

E ..., Greci e Romani adorano gli stessi dei.

F Il nome...significa stranieri.

# Fra antico e moderno

## Il Medioevo

La parola Medioevo significa età di mezzo, fra l'età antica e l'età moderna. Il Medioevo si divide in due parti: Alto Medioevo, che va dal V al X secolo e Basso Medioevo, che va dall'XI al XV secolo.

Il potere e il prestigio politico e culturale della Chiesa raggiungono il punto massimo proprio nel Medioevo. Roma con il papato diventa il centro della cristianità.

Gli imperatori che hanno raccolto l'eredità dell'impero romano sono sottomessi all'autorità spirituale del Papa a Roma. Il re franco Carlo Magno crea il Sacro Romano Impero, comprendente Francia, Germania ed Europa orientale. Carlo Magno è consacrato imperatore nell'anno 800 da papa Leone III. Successivamente, Ottone I di Sassonia, nel 962 fonda il Sacro Romano Impero germanico, diventandone l'imperatore.

In questi secoli il nord e il centro della penisola sono sotto l'influenza di questi imperatori, che la amministrano attraverso principi fedeli, chiamati feudatari. Le regioni amministrate vengono chiamate feudi. La Sicilia, invece, è sotto l'influenza degli Arabi, che l'hanno invasa all'inizio del IX secolo.

La società medioevale è una società rigida e gerarchica. In alto, ci sono i nobili e i religiosi, che hanno grandissime ricchezze e privilegi. In basso, ci sono i contadini, che sono trattati come schiavi. Vivono in condizioni di miseria, e vengono comprati e venduti con la terra.

Nel Medioevo, il castello è il centro della vita politica e sociale ed è la residenza del principe. Il castello è costruito su una collina, circondato da mura e da un fossato, per una migliore difesa. Sulle mura ci sono i posti di guardia per le sentinelle. In caso di pericolo, tutti gli abitanti dei territori vicini si rifugiano dentro le mura del castello.

I monasteri hanno una grandissima importanza nel Medioevo. Oltre a essere centri di preghiera, sono centri di attività economica e culturale. Vi si praticano l'artigianato, il commercio e l'agricoltura. Nelle grandi biblioteche dei monasteri i monaci amanuensi ricopiano a mano i testi religiosi e gli scrittori classici latini e greci.

# Un mosaico chiamato Italia

La penisola italiana è stata, attraverso i secoli, dominata da potenze straniere. La Francia e l'Austria nel nord e gli Arabi, la Spagna e la Francia nel sud si sono alternati nella dominazione del paese, frazionato in tanti Stati.

A partire dal 1200 alcune città del centro-nord hanno un grande sviluppo economico e si staccano dall'autorità del papa e dell'imperatore. Si danno una nuova forma di governo indipendente, con un governatore eletto da un'assemblea di cittadini, e prendono il nome di Comuni.

Le prime città a governarsi da sole sono Venezia, Pisa e Genova. Queste città praticano il commercio marittimo con gli altri paesi del Mediterraneo e con l'Oriente e arrivano ad avere ognuna una flotta mercantile enorme. Vengono chiamate repubbliche marinare. Anche Milano, Firenze e Bologna diventano importanti grazie ai commerci. Alcune di queste città restano indipendenti fino al XVIII secolo. Spesso nei Comuni ci sono lotte per il potere, per cui si decide di affidare il governo a un uomo solo, il signore. Il potere viene poi trasmesso dal signore ai suoi discendenti. A Firenze il potere viene affidato ai Medici, una potente famiglia di banchieri.

*Lorenzo de Medici, detto il Magnifico, governatore di Firenze dal 1469 al 1492, rende la città il più importante centro politico e culturale d'Italia.*

*Mappa dell'Italia dopo il congresso di Vienna (1815)*

 Vero o falso? Riscrivi in modo corretto le informazioni sbagliate.

A Le città che diventano Comuni si trovano nell'Italia settentrionale.

B L'impero di Carlo Magno è più vasto di quello degli antichi Romani.

C Nel 1300 l'Italia è uno Stato unito.

D Un feudatario governa un feudo.

**Leggenda**

Il Regno di Sardegna

Il Regno lombardo-veneto

Il Ducato di Parma

Il Ducato di Modena

Il Ducato di Massa

Il Ducato di Lucca

Il Granducato di Toscana

Lo Stato della Chiesa

Il Regno di Napoli delle Due Sicilie

## Il Risorgimento

Si chiama Risorgimento il processo storico che porta l'Italia alla sua unificazione e all'indipendenza dagli stranieri che precedemente la occupavano. Il Risorgimento inizia nel 1820 a Torino, Milano, Napoli e Palermo, con le prime insurrezioni di patrioti contro gli oppressori, ma queste insurrezioni, non collegate fra di loro, non hanno buon esito. Prosegue con le tre guerre d'indipendenza, combattute dal Piemonte contro gli Austriaci.

I protagonisti del Risorgimento sono Camillo Cavour, Giuseppe Mazzini (Genova 1805-Pisa 1872) e Giuseppe Garibaldi (Nizza 1807-Caprera 1882). Camillo Cavour (Torino 1810-1861) è un grandissimo diplomatico e, come presidente del consiglio dei ministri del Regno di Sardegna, impone il problema dell'indipendenza italiana all'attenzione dei più importanti Stati europei. Con un sistema di alleanze concordate da Cavour e l'azione militare di Garibaldi nel Sud d'Italia, si realizza l'unificazione di tutta l'Italia sotto la guida dei re di Savoia.

Il 17 marzo 1861 si inaugura a Torino il primo Parlamento nazionale e si proclama l'unità d'Italia. Re d'Italia è nominato Vittorio Emanuele II di Savoia. All'unità del paese manca ancora Roma, che verrà conquistata nel 1870.

*Per Giuseppe Mazzini, a differenza di Cavour, che sostiene la monarchia, l'unità e l'indipendenza d'Italia devono realizzarsi sotto forma di repubblica. Il suo motto è: libertà, uguaglianza e fratellanza dei popoli. Mazzini non può diffondere le sue idee in Italia, perché verrebbe arrestato. Va in esilio, prima in Francia, dove nel 1831 fonda una società segreta "La Giovine Italia", poi in Inghilterra.*

*La notte del 5 maggio 1860 Garibaldi parte da Genova Quarto per la Sicilia con mille volontari, chiamati Camicie Rosse, dal colore della camicia. La spedizione dei Mille sbarca nel porto siciliano di Marsala e risale la penisola, liberando tutti i territori fino a Napoli. A Teano, in Campania, il 26 settembre 1860 Garibaldi incontra il re Vittorio Emanuele II di Savoia e gli consegna tutte le terre conquistate.*

- L'Italia, come altri paesi che hanno dovuto conquistare l'indipendenza a caro prezzo, ha fra i suoi eroi moltissimi giovani, che hanno dato la loro vita per la libertà della loro patria. Anche nel tuo paese è così?

- Pensi che oggi i giovani sarebbero pronti a fare lo stesso sacrificio, se necessario, o questo ideale non esiste più?

# La prima guerra mondiale

Nella prima guerra mondiale (1914-18) l'Italia, dopo un periodo in cui si mantiene neutrale, entra in guerra a fianco della Francia e della Gran Bretagna contro la Germania. È l'entrata in guerra degli Stati Uniti, a sostegno di Italia, Francia e Gran Bretagna, che determina la sconfitta della Germania.

L'esercito italiano batte quello austriaco a Vittorio Veneto, esce vittorioso dalla guerra e ottiene i seguenti territori con il trattato di Versailles: il Trentino, l'Alto Adige, la Venezia Giulia e Trieste.

La prima guerra mondiale causa una situazione economica drammatica, che costringe la popolazione italiana a una vita durissima. In questo clima trova spazio un partito che fa leva sulle paure di molti Italiani. È il partito fascista, che si vuole rivoluzionario ma in realtà difende gli interessi dei conservatori. Il suo capo si chiama Benito Mussolini.

Benito Mussolini (Predappio, Forlì 1883- Giulino di Mezzegra 1945) fonda nel 1919 a Milano il Partito Fascista. Nel 1922 conquista il potere con un atto di forza, noto come la Marcia su Roma. A questa marcia prendono parte squadre d'azione fasciste, chiamate camicie nere per il colore delle loro camicie.

*Mussolini prende il titolo di Duce (dal latino* dux *o condottiero) e instaura la dittatura fascista.*

# La seconda guerra mondiale

Nel 1939 la Germania invade la Polonia: è l'inizio della seconda guerra mondiale. L'anno dopo, l'Italia entra in guerra a fianco della Germania e contro l'Inghilterra e la Francia.

Nel 1943, mentre la guerra continua, in Italia il fascismo cade e il governo che lo sostituisce firma un armistizio con gli Americani e gli Inglesi e dichiara guerra ai Tedeschi.

L'Italia però si trova divisa in due: a nord c'è la Repubblica di Salò, il nuovo regime fascista appoggiato dai Tedeschi, mentre a sud ci sono gli eserciti anglo-americani, che sono sbarcati ad Anzio, vicino a Roma. Il 25 aprile 1945 l'Italia viene liberata, Mussolini è arrestato e fucilato. Alla fine della seconda guerra mondiale l'Italia è un paese distrutto. I bombardamenti hanno raso al suolo città, paesi, strade, ferrovie e porti. Nel 1946 viene indetto un referendum e gli Italiani devono scegliere fra la monarchia e la repubblica: 12.700.000 Italiani scelgono la repubblica, mentre 10.600.000 votano per la monarchia. Il re Umberto di Savoia va in esilio in Portogallo.

*Nel 1942 entrano in azione i Comitati di Liberazione Nazionale (CLN), che organizzano la Resistenza al fascismo fatta dai partigiani. Questi agiscono di nascosto e, se vengono catturati, vengono fucilati.*

# *Lo stile nei secoli*

## V-VI secolo: il bizantino

L'arte bizantina viene così chiamata perché è nata a Bisanzio, poi Costantinopoli, la città sul Golfo del Bosforo. Lo stile bizantino si sviluppa in Italia a Ravenna, perché in questo periodo la città è sotto il governo di Costantinopoli. Nei secoli successivi questo stile si diffonde in altre città italiane, tra le quali Venezia.

Le chiese bizantine presentano alcuni elementi della tradizione classica, come ad esempio la pianta a croce greca, e alcuni elementi orientali, come la cupola, di ispirazione persiana.

L'interno delle chiese bizantine è ricco di decorazioni a mosaico. Il mosaico è un disegno composto da varie pietre dure, dai colori intensi, tenute insieme dalla calce.

*Una cupola*

*San Vitale è una chiesa di Ravenna del VI secolo. È il più famoso esempio in Italia di fusione della tradizione locale con il modello bizantino.*

## X-XIII secolo: il romanico

Lo stile romanico in architettura e scultura si afferma in Italia e in Europa nello stesso periodo in cui si sviluppano le lingue romanze.

Si chiama così perché si rifà alla tradizione architettonica romana classica di archi a tutto tondo per sostenere il soffitto, di mura imponenti e di piccole finestre.

In Italia lo stile romanico è presente in Piemonte, in Lombardia e nel Veneto. Le chiese romaniche hanno l'apparenza spoglia, perché il soffitto e le pareti sono prive di decorazioni.

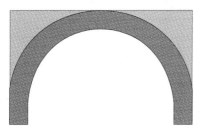

*L'arco a tutto tondo*

*Un bell'esempio di architettura romanica è la Basilica di San Zeno Maggiore a Verona, costruita nel XII secolo.*

# XIII-XV secolo: il gotico

Lo stile gotico in architettura, scultura e pittura nasce in Francia nel XII secolo e si diffonde in Italia tra la fine del romanico e l'inizio del Rinascimento.

In architettura lo stile gotico ha una predominanza di linee verticali, che danno una grande leggerezza agli edifici. Le caratteristiche di questo stile sono l'arco a sesto acuto, cioè a punta, anziché rotondo, la volta a crociera, mura sottili e finestre con vetri colorati. L'esempio più famoso di gotico italiano è il Duomo di Milano, iniziato nel 1386. Il maggiore rappresentante in Italia della pittura gotica è Simone Martini (Siena 1285 circa-1344).

L'arco a sesto acuto

*Nei quadri di Simone Martini l'oro zecchino è usato per lo sfondo, i tessuti pregiati dei vestiti e i ricchi drappeggi delle stoffe danno un'idea di eleganza.*

# XVII secolo: il barocco

Lo stile barocco nasce a Roma all'inizio del XVII secolo. Si afferma in architettura, scultura e pittura, ma influenza anche il disegno dei mobili, della ceramica, del vetro e del metallo. È uno stile molto ricco di decorazioni e di ornamenti, a volte stravagante.

Uno dei maggiori rappresentanti del barocco italiano è l'architetto e scultore Gian Lorenzo Bernini (Napoli 1598-Roma 1681), che ha progettato il Colonnato di San Pietro (1629) e il Palazzo Montecitorio (1650-1655).

*La Fontana di Trevi, opera di Niccolò Salvi, è stata costruita fra il 1697-1715. È uno degli esempi dello stile barocco in Italia.*

## I secoli

Ci sono diversi modi di scrivere i secoli. Sesto secolo, ad esempio, si scrive in lettere, in cifre romane (VI secolo) o in cifre arabiche (6° secolo).

Il quindicesimo secolo, oltre che in lettere, si scrive anche:
- il XV secolo
- il 1400
- il '400
- il Quattrocento
  (per l'arte o la letteratura)

 Completa le seguenti frasi:

A Il...è uno stile ricco di decorazioni.

B Le chiese...sono ornate di mosaici.

C Il Duomo di Milano è uno degli esempi di stile...in Italia.

D Lo stile...si rifà alla tradizione romana classica.

 In quale secolo siamo adesso e in quali modi lo si può scrivere?

# Il Rinascimento

## Alla scoperta dell'uomo

Fra il 1400 e il 1500 il carattere religioso della cultura, così diffuso nel Medioevo, si attenua. Si apre per l'Italia e per l'Europa un periodo di grande rinnovamento culturale: il Rinascimento.

Il Rinascimento è un movimento artistico, letterario e filosofico, che dà inizio alla civiltà moderna. Il significato della vita dell'uomo su questa terra cambia e l'arte e la cultura vengono concepite in modo diverso. Si diffonde una nuova concezione del mondo, che pone in primo piano l'uomo e le sue realizzazioni.

Si riscopre la cultura classica degli antichi Greci e Romani. Si studiano le opere nate dall'esigenza umana di conoscere il vero. Gli artisti e studiosi di questo periodo approfondiscono diverse discipline artistiche e c'è uno straordinario sviluppo di tutte le arti, della tecnica e delle scienze.

Due grandi personaggi del Rinascimento sono Leonardo da Vinci (Vinci 1452-Amboise 1519) e Michelangelo Buonarroti (Caprese 1475-Roma 1564).

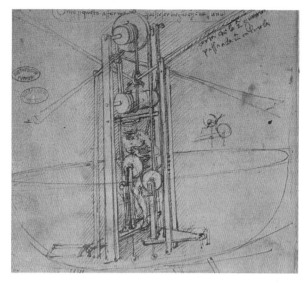

*Leonardo da Vinci è pittore, scultore, architetto, ingegnere, matematico, inventore, progettista di macchine e apparecchi geniali, come l'elicottero (sopra), il sommergibile, il paracadute. Per Leonardo la scienza e l'arte si completano e sono tutte e due utili per la ricerca della verità. Di Leonardo ci rimangono moltissimi disegni. Fra i dipinti più famosi di Leonardo da Vinci ci sono La Gioconda e Il Cenacolo.*

*Michelangelo Buonarroti è un grandissimo pittore, scultore, architetto e poeta. È uno dei massimi ingegni del Rinascimento. A vent'anni va a Roma, dove scolpisce il gruppo della Pietà. Nel 1503 scolpisce il David, e, subito dopo, il Mosè. Nel 1508 comincia ad affrescare la volta della Cappella Sistina per incarico di Papa Giulio II, e porta a termine da solo tutto il lavoro, in appena quattro anni.*

# I pittori rinascimentali

La Madonna Aldobrandini è *una delle molte madonne dipinte da Raffaello Sanzio (Urbino 1483-Roma 1520), uno dei più grandi pittori del Rinascimento. Nei suoi quadri esprime l'ideale classico di bellezza armoniosa e di perfezione formale. Raffaello lavora prima a Firenze e poi a Roma, chiamato da Papa Giulio II, che lo incarica di affrescare il suo appartamento in Vaticano.*

Carlo V a cavallo è *uno dei ritratti eseguiti da Tiziano Vecellio (Pieve di Cadore 1490 circa-Venezia 1576). È un esempio della grande efficacia con cui il pittore rende la fisionomia del volto. Tiziano è il maggiore pittore della Serenissima, come viene chiamata la Repubblica di Venezia. Le sue composizioni pittoriche hanno una calda luminosità di toni e le figure umane presentano grande profondità psicologica.*

L'Allegoria della Primavera di *Alessandro Filipepi (1444-1510), detto Botticelli, dal soprannome del fratello piccolo e grasso. Il soggetto è di ispirazione pagana, cioè precristiana, ed è un esempio della nuova concezione rinascimentale della persona come parte della natura. Le figure del quadro mostrano Venere e le Grazie a piedi nudi su un prato fiorito, in un boschetto di aranci.*

- Hai visto qualche riproduzione di quadri o di disegni di Leonardo? Quali?

- Qualche altro artista italiano, come Botticelli, è passato alla storia con un soprannome. Qual è il vero nome di:

  A Veronese?

  B Masaccio?

  C Perugino?

- Preferisci l'arte moderna o l'arte del passato?

- Qual è l'artista italiano che ami di più?

# Il Rinascimento - 2

## Architettura e scultura

Nel Rinascimento l'architettura ha un'importanza mai avuta prima. Si studiano le proporzioni degli edifici romani e si pongono le basi per una progettazione architettonica più scientifica, con l'applicazione della prospettiva.

Filippo Brunelleschi (Firenze 1377-1446) è il più grande architetto del Rinascimento. Brunelleschi si serve di nuove tecniche di costruzione e pone le basi dell'architettura rinascimentale.

Il volto di città come Firenze e Roma cambia completamente. Sono progettate splendide chiese e grandi basiliche, ornate da cupole gigantesche. I nobili si fanno costruire fortezze e palazzi dagli architetti più celebri.

Fra gli scultori maggiori del Rinascimento ci sono Lorenzo Ghiberti (Firenze 1378-1455), Donatello (Firenze 1386-1466) e Benvenuto Cellini (Firenze 1500-1571).

Fra le opere di Ghiberti ci sono le formelle della seconda e terza porta del Battistero di Firenze, eseguite fra il 1403 e il 1452. I soggetti scolpiti sono tratti dalla Bibbia e dalla vita di Cristo.

*L'opera più importante di Brunelleschi è la cupola del duomo di Santa Maria del Fiore a Firenze. Poiché il suo progetto non prevedeva alcuna struttura per sorreggere la cupola era stato giudicato impossibile da realizzare. Brunelleschi ha l'idea di costruire la cupola secondo una struttura di anelli sovrapposti.*

*Donatello si forma nella bottega del Ghiberti. Si ispira alle sculture classiche, ma le interpreta con grande libertà. Ne è un esempio il David in bronzo, eseguito nel 1434. In questa scultura è evidente il riferimento ai modelli antichi, ma anche una grande originalità.*

*Benvenuto Cellini è orafo, cesellatore e scultore. Lavora in Italia e in Francia, dove nel 1543 crea per il re Francesco I una bellissima saliera di oro e smalti. A Firenze realizza una statua in bronzo dell'eroe greco Perseo, che regge alta nella mano sinistra la testa della Medusa.*

● Quale scultura ti piace di più? Perche?

# Poesia e prosa

L'opera letteraria che diviene il simbolo del Rinascimento è l'*Orlando Furioso*, di Ludovico Ariosto (Reggio Emilia 1474-1533). Il poema racconta le avventure del cavaliere Orlando, paladino di Carlo Magno, re dei Franchi.

Orlando è innamorato di Angelica. Quando scopre che Angelica ama un altro, Orlando impazzisce. Il libro si conclude con il viaggio sulla luna di Astolfo, compagno d'armi di Orlando, per riprendere la ragione perduta del suo compagno. In questo libro di avventure sono rappresentati in modo armonico gli estremi, nel bene e nel male, a cui giunge l'azione umana.

Un altro poeta rinascimentale, vissuto alla corte di Lorenzo il Magnifico, signore di Firenze, è il Poliziano (Montepulciano 1454-Firenze 1494). La primavera e la giovinezza sono i temi che più colpiscono la sua fantasia, ma tutte e due sono causa di malinconia e di nostalgia per la loro breve durata.

Il poeta
Ludovico Ariosto

Ecco la presentazione del poema fatta dall'autore all'inizio dell' *Orlando Furioso*:

> Le donne, i cavalier, l'arme, gli amori,
> le cortesie, l'audaci imprese io canto...
> Dirò d'Orlando in un medesmo tratto
> che per amor venne in furore e matto.

Ecco un esempio della poesia di Lorenzo il Magnifico, che invita a godere della giovinezza, prima che sia troppo tardi.

> Quant'è bella giovinezza,
> Che si fugge tuttavia!
> Chi vuol esser lieto, sia:
> Di doman non c'è certezza.

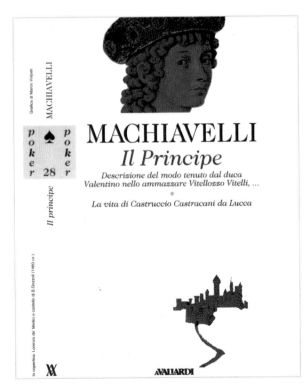

Il Principe è *un libro di consigli sull'esercizio del potere. È l'opera più famosa di Niccolò Machiavelli (Firenze 1469-1527), uomo politico e scrittore, che viene considerato l'iniziatore del pensiero politico moderno. Machiavelli afferma che la politica è guidata soltanto dal principio dell'utilità ed è autonoma dalla morale.*

**1** Trova tre parole nelle ultime due righe che normalmente terminano in *-e* o *-i*.

**2** Perché la *e* o la *i* sono state tralasciate? È per:

**A** rendere più facile la lettura.

**B** mantenere il ritmo della poesia.

**C** non superare un certo numero di sillabe.

● *Il Principe* scritto quattro secoli fa, è ancora utile per noi? Che ne pensi?

● La tecnologia avanza, ma la storia si ripete. Sei d'accordo o no?

# L'arte dello scrivere

## In principio è Dante

Dante Alighieri (1265-1321), padre della lingua italiana, nasce a Firenze da una nobile famiglia. Giovanissimo, si innamora di Beatrice Portinari, che muore poco dopo e che sarà l'ispiratrice di tutta la sua opera. Nel 1302 deve lasciare Firenze perché condannato all'esilio dai suoi avversari politici. Non farà mai più ritorno nella sua città.

Dante Alighieri scrive la sua opera poetica, *La Divina Commedia*, fra il 1306 e il 1321. È composta da tre parti: l'Inferno, il Purgatorio e il Paradiso, suddivisa in cento canti. Tutta l'opera è un viaggio immaginario del poeta nel regno dell'Aldilà, prima nell'Inferno, poi nel Purgatorio e infine nel Paradiso. Dante stesso spiega in una lettera di aver usato un tipo di verso popolare e il dialetto toscano-fiorentino per raggiungere un pubblico più vasto possibile.

All'inizio del primo canto dell'Inferno il poeta immagina di essersi perduto, a metà della sua vita, in una buia foresta, simbolo dei suoi peccati.

> *Nel mezzo del cammin di nostra vita*
> *mi ritrovai per una selva oscura*
> *che la diritta via era smarrita.*

**1** Come diciamo "cammin" nel linguaggio di tutti i giorni?

**2** A chi si riferisce Dante quando dice "nostra vita"?

**3** Dante chiama "oscura" la "selva" o foresta in cui si è smarrito. In quali altri modi può essere una foresta? Qual è la tua immagine di una foresta?

## Tra Illuminismo e Romanticismo

L'Illuminismo è un movimento culturale che si afferma nel Settecento (XVIII secolo), chiamato il secolo dei lumi. Questo nome deriva dalla certezza di poter risolvere tutti i problemi sociali e politici con i lumi, cioè la facoltà della ragione. Lo scrittore che ha rappresentato nelle sue opere l'ideale dell'Illuminismo è Vittorio Alfieri (Asti 1749-Firenze 1803). Alfieri ha scritto diciannove tragedie, che si rifanno alla tragedia classica francese, e le ha pubblicate tutte a Parigi nel 1789, in piena Rivoluzione francese. Con le sue opere Alfieri vuole risvegliare politicamente l'Italia e spingerla a liberarsi dall'oppressore straniero. Per questo motivo le sue tragedie sono chiamate tragedie di libertà.

Come reazione all'Illuminismo nell'Ottocento (XIX secolo) si afferma il Romanticismo, che esalta invece il sentimento, le passioni e le forze istintive della vita e della natura.

Alessandro Manzoni (Milano 1785-1876) è il grande esponente del Romanticismo italiano. Con la sua opera *I promessi sposi*, scritta nel 1849, Manzoni pone le basi del romanzo italiano. La storia si svolge in Lombardia nel 1600, durante l'epidemia di peste. I protagonisti sono persone del popolo, ma nel libro compare tutta la società del tempo.

*I promessi sposi è un libro molto conosciuto in Italia perché viene studiato a scuola.*

# Il Novecento (XX secolo)

La letteratura italiana del Novecento è rappresentata da grandi personalità di narratori, drammaturghi e poeti, molto diversi e distanti tra di loro. Alcuni descrivono con grande realismo la vita della gente. Altri sono più interessati ad analizzare gli stati d'animo e i sentimenti più profondi delle persone. Altri ancora sottolineano il disordine e l'assurdità del mondo moderno e la condizione umana nel nostro tempo.

*Italo Calvino (Sanremo 1923-Roma 1985) è giornalista e narratore, interessato all'approfondimento psicologico dei suoi personaggi. Il libro dal titolo* Il visconte dimezzato *è la vicenda fiabesca di un uomo diviso in due parti da una cannonata. Una di queste parti è buona, l'altra cattiva. Alla fine le due parti si riuniscono e il visconte ritorna a essere un insieme di bene e di male, come tutti gli uomini.*

*Alberto Moravia (Roma 1907-1990) analizza nei suoi libri gli aspetti più contraddittori della vita moderna, con particolare attenzione ai rapporti fra le persone. Uno dei suoi libri più conosciuti è* Gli indifferenti, *pubblicato a Milano nel 1929. È un ritratto della borghesia romana agli inizi del fascismo. L'ultimo libro è* L'uomo che guarda, *nel quale approfondisce i temi della psicoanalisi.*

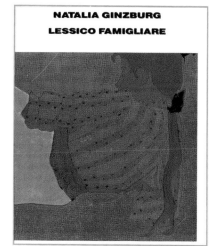

*Umberto Eco (Alessandria 1932) è insegnante universitario di scienza del linguaggio e ha scritto molti saggi sulla lingua. È molto conosciuto, grazie soprattutto al suo romanzo* Il nome della rosa, *scritto nel 1980 e costruito come un libro giallo. La storia è ambientata in un'abbazia medioevale. Sopra, un'immagine del film basato sulla storia del libro.*

*Natalia Ginzburg (Palermo 1916-Roma 1993) è una scrittrice che sceglie un linguaggio in apparenza molto semplice e senza ornamenti per descrivere i piccoli gesti e i dialoghi della vita quotidiana. Uno dei suoi libri più conosciuti è* Lessico famigliare.

● Hai mai sentito parlare di qualche scrittore italiano di oggi? Chi è? Che libro ha scritto?

● Hai letto qualche libro di scrittori italiani? Quale vorresti leggere e perché?

# Musica

## Come nasce la musica?

Nel Medioevo la musica è principalmente di carattere religioso; ne sono un esempio le laudi e il canto gregoriano. Il canto gregoriano, per voci sole, prende il nome da San Gregorio Magno, papa nel VI secolo.

Durante il Rinascimento la musica trova spazio soprattutto nelle corti degli aristocratici. Ha un grande sviluppo la musica strumentale per organo, liuto e clavicembalo. Nasce anche il madrigale, un componimento poetico musicale a due o più voci, accompagnate da uno strumento.

Giovanni Pierluigi da Palestrina (1526-Roma 1594), autore soprattutto di musica sacra, ha composto un centinaio di madrigali. Ma il compositore che porta alla perfezione questo tipo di musica tipicamente rinascimentale è Claudio Monteverdi (Cremona 1567-Venezia 1643). Una delle sue opere più belle è l'*Orfeo*.

● Nel tempo moltissimi termini musicali italiani sono diventati internazionali: adagio, moderato, allegro, cantata, sonata. Controlla sul dizionario il significato originale.

*Il compositore che ha scritto il maggior numero di concerti è Antonio Vivaldi (Venezia 1678-Vienna 1741), autore di ben 450 concerti strumentali (più della metà per violino), oltre a opere, sinfonie e sonate.*

## Il melodramma

Il melodramma, chiamato anche opera lirica, raggiunge la massima diffusione nell'Ottocento (XIX secolo), quando è popolare quanto il rock ai giorni nostri. L'opera è il frutto del lavoro del librettista, che scrive la storia, e del compositore, che la mette in musica.

Fra i compositori di opera lirica più conosciuti ci sono:

• Giuseppe Verdi (Busseto 1813-1901), che porta sulla scena i conflitti e le passioni umane. Le sue opere sono ricche di colpi discena. Fra le più famose sono il *Rigoletto*, il *Trovatore*, l'*Otello* e l'*Aida*.
• Giacomo Puccini (Lucca 1858-Bruxelles 1924) è autore della *Bohème* e di *Madame Butterfly*.
• Vincenzo Bellini (Catania 1801-1835) è autore della *Norma*.
• Gioacchino Rossini (Pesaro 1792-Parigi 1868) compone molte opere buffe. Una di queste è *Il Barbiere di Siviglia*, del 1816. Più tardi, Rossini sceglie l'opera seria e nel 1829 compone il *Guglielmo Tell*.

*Durante il Risorgimento il nome di Verdi viene usato dai patrioti italiani per esprimere un messaggio in codice: Viva V.E.R.D.I.= Viva Vittorio Emanuele Re D'Italia.*

# Il folclore

Ogni regione italiana ha creato una sua musica popolare, per esprimere i propri sentimenti e la propria cultura. Quando la musica non è soltanto strumentale, ma è accompagnata dal canto, le parole delle canzoni sono nel dialetto del luogo.

Una delle canzoni più conosciute nel mondo è 'O sole mio. All'estero viene considerata una canzone italiana, in realtà è tutta napoletana. È accompagnata dal suono del mandolino napoletano, lo strumento con quattro corde metalliche doppie tipico della regione.

Molti canti popolari esprimono nostalgia per un luogo o una donna che si sono dovuti lasciare.

**In dialetto abruzzese**
*Vulesse fà 'rvenì pe' n'ora sola
lu tempe belle de la cuntentezze*

**In italiano**
*Vorrei far ritornare per un'ora soltanto
il tempo bello della gioia*

**In dialetto torinese**
*Ciao Turin, mi vado via,
vad lontan a travaiè*

**In italiano**
*Ciao Torino, io vado via,
vado lontano a lavorare*

*Accanto al patrimonio di canzoni, c'è quello delle danze popolari. Una danza del Sud è la tarantella, che ha un ritmo vivacissimo. I danzatori sono a coppie e segnano il ritmo con le nacchere e il tamburello.*

# Ascoltiamo un po' di musica

I giovani ascoltano molta musica rock e pop dei paesi anglosassoni, ma sono molto apprezzati i cantautori italiani, che compongono e interpretano le loro canzoni. Lucio Dalla, Francesco De Gregori, Fabrizio De Andrè e Roberto Vecchioni, ad esempio, sono cantautori molto popolari.

*La cantante rock italiana Gianna Nannini è di Siena, dove i suoi genitori hanno una pasticceria. Da ragazza Gianna aiuta in negozio, poi l'interesse per la musica ha il sopravvento. Va a Milano, dove incide il suo primo disco America.*

● Quale tipo di musica preferisci?
- la musica classica
- la musica rock
- l'opera
- la musica folk

● Fai un'indagine nella tua classe. Fra i tanti tipi di musica, qual è la più popolare?

● Conosci qualcuno dei cantanti di cui si parla? Sono mai venuti a cantare nel tuo paese?

# Il cinema italiano

## Il neorealismo

Il periodo più glorioso del cinema italiano
è quello del dopoguerra, dal 1945 al 1950.
È chiamato il cinema del neorealismo perché
rispecchia la realtà dell'Italia, in questi anni
appena uscita dalla guerra e molto povera.

I registi più conosciuti del neorealismo sono
Roberto Rossellini (Roma 1906-1977) e Vittorio
De Sica (Sora 1901-Parigi 1974). Fanno recitare
persone prese dalla strada e non seguono
rigidamente un copione, ma spesso
improvvisano sul set. *Roma città aperta* (1945)
di Rossellini è il film che segna l'inizio del
neorealismo. È ambientato a Roma durante
l'occupazione nazista. Luchino Visconti (Milano
1906-Roma 1976) all'inizio si pone nella corrente
del neorealismo, per poi allontanarsene. Il suo
primo film è *Ossessione* (1942).

Francesco Rosi (Napoli 1922) collabora con
Visconti e ne è influenzato. Quasi tutti i suoi film
sono ricerche sulla realtà politica e sociale e
denunce della corruzione, soprattutto nel
meridione d'Italia.

*Forse il film più conosciuto di Vittorio De Sica è
Ladri di Biciclette (1948), la storia di un uomo
povero e disperato. La bicicletta, che gli serve
per lavorare, gli viene rubata. Non può comprarne
un'altra e allora ne ruba una, ma la polizia lo
arresta.*

## Fellini

Tutti i film di Federico Fellini (Rimini 1920-Roma
1993) sono una rappresentazione dei suoi sogni,
dei suoi ricordi e delle sue fantasie. Sono delle
storie a volte magiche, a volte ironiche o assurde,
con temi che si ripetono spesso: le donne, la
religione, il circo, il mare. Spesso Fellini gira
i suoi film negli Stabilimenti di Cinecittà a
Roma che è il centro dell'industria del cinema
nazionale.

Il film che lo rende famoso all'estero è
*La dolce vita* (1960), una descrizione della Roma
della fine degli anni Cinquanta. Nel film c'è un
fotografo, che si chiama Paparazzo di cognome.
Oggi, paparazzo è diventato un nome comune,
per indicare un fotoreporter sempre a caccia
della foto esclusiva.

Gli interpreti favoriti di Fellini sono la moglie
Giulietta Masina e Marcello Mastroianni che
interpreta il fotografo in *La dolce vita*.

Fellini vince un Oscar per il miglior film
straniero con *La strada* (1954) e *Le notti di
Cabiria* (1956). Altri film di Fellini sono *8 1/2*
(1963) e *Amarcord* (1973).

*Il regista Federico Fellini*

# Un regista internazionale

Il regista Bernardo Bertolucci (Parma 1941) gira film ambientati in Italia: *La strategia del ragno* e *Il conformista* (1970) e *Novecento* (1976). I suoi film più recenti, *L'ultimo Imperatore* (1987), *Il tè nel deserto* (1990) e *Il piccolo Budda* (1992), sono produzioni internazionali e di grande successo in Europa e negli Stati Uniti. Il suo ultimo film, *Io ballo da sola* (1996), è ambientato in Italia.

*Scena dal film* Il Piccolo Budda

● Vai spesso al cinema? Che cosa rappresenta per te andare al cinema?

 A È una fuga dalla vita quotidiana.

 B È un modo di conoscere altre realtà.

# Il cinema di domani

Alcuni registi del cinema italiano attuale:

**Nanni Moretti** (Brunico 1953): Questo attore e regista nei suoi film analizza i problemi e le angosce del nostro tempo, usando la satira e la parodia. Nel film, *Caro Diario* (1993), Moretti interpreta il protagonista del film, Michele Apicella.

**Giuseppe Tornatore** (Bagheria 1947): Questo regista ha avuto un grande successo internazionale con il film *Nuovo Cinema Paradiso* (1987). La storia si svolge negli anni 1940-50 ed è ambientata in un piccolo paese siciliano. *Nuovo Cinema Paradiso* è il nome del cinema del paese. Il proiezionista rimane cieco dopo un incendio e un bambino prende il suo posto. La storia narrata dal regista è autobiografica.

**Gabriele Salvatores** (Napoli 1950): S'interessa al tema della fuga: fuga dalla routine quotidiana, dalle responsabilità, dalla società consumista. Il film *Mediterraneo* (1992), che ha vinto un Oscar come migliore film straniero, è dedicato dal regista "a tutti quelli che stanno scappando". Il suo film successivo è *Puerto Escondido*.

*Nella saletta di proiezione del* Nuovo Cinema Paradiso.

● Qual è il tuo film preferito? Conosci il titolo in italiano?

 A Dov'è ambientata la storia?

 B Chi sono i protagonisti del film? Chi sono gli interpreti (attori)?

## Il Festival di Venezia

Il Festival di Venezia è uno dei tre più importanti festival europei di cinema. Gli altri si svolgono a Cannes in Francia, e a Berlino in Germania. Il Festival di Venezia si svolge durante le prime due settimane di settembre, e il vincitore del concorso viene premiato con un Leone d'oro di San Marco (dal leone della Piazza San Marco a Venezia).

# Il sistema politico

## La Repubblica

L'Italia è una Repubblica democratica parlamentare. Roma è la sede del Parlamento e del Governo ed è la capitale d'Italia.

L'ordinamento politico italiano è fondato sulla Costituzione, entrata in vigore il 1º gennaio 1948.

Nel 1993, in seguito a un referendum, è cambiato il sistema elettorale. Con il sistema maggioritario attuale gli elettori votano direttamente i candidati.

Per votare bisogna aver compiuto i diciotto anni ed essere cittadini italiani. Le elezioni si tengono ogni cinque anni.

*La bandiera italiana è stata usata per la prima volta nel 1796 a Bologna da studenti che lottavano per l'indipendenza. Per i colori si sono ispirati alla bandiera francese, mettendo al posto dell'azzurro il verde, colore della speranza. È stato cosí creato il tricolore, rosso, bianco e verde.*

### IL PARLAMENTO

Il Parlamento è l'organo legislativo. È formato dalla Camera dei Deputati e dalla Camera dei Senatori, il Senato. I deputati sono 630, i senatori 315.

Ci sono anche i senatori a vita, nominati da ogni presidente della Repubblica in numero di cinque. Questi senatori, fra i quali c'era anche il poeta Eugenio Montale, vengono nominati per meriti speciali.

I deputati e i senatori sono eletti a suffragio diretto. La sede della Camera dei Deputati è Palazzo Montecitorio e quella del Senato è Palazzo Madama, al centro di Roma.

*Palazzo Montecitorio è un bell'edificio rinascimentale, che dal 1870 è sede della Camera dei Deputati dello Stato italiano. I giornalisti dicono Montecitorio quando si riferiscono alla Camera dei Deputati.*

### IL PRESIDENTE DELLA REPUBBLICA

Il presidente rappresenta l'unità nazionale. È il capo dello Stato e delle Forze Armate. Viene eletto dal Parlamento riunito e rimane in carica per sette anni. Il presidente della Repubblica:
• nomina il presidente del Consiglio dei Ministri;
• scioglie le Camere dei Deputati e del Senato;
• firma le leggi o può opporsi con un'opinione contraria;
• fissa la data delle elezioni.

La sua residenza è il palazzo del Quirinale, che sorge su uno dei colli di Roma.

### IL GOVERNO

Il Governo è l'organo esecutivo, cioè l'organo che mette in atto le leggi. È formato dal presidente del Consiglio e da 22 ministri, con la sede a Palazzo Chigi, a Roma.

# I partiti politici

Negli anni Novanta i partiti italiani sono molto cambiati. La Democrazia cristiana e il Partito comunista, i due più grandi partiti italiani, hanno cambiato nome e simbolo. Sono nati dei partiti nuovi ed è cambiata la linea politica di molti partiti. La destra, il centro e la sinistra non sono più così chiari.

- **Partito popolare italiano (Ppi):** È il nuovo nome della **Democrazia cristiana (Dc)**, che è stata per cinquant'anni sempre al Governo e che con il 45 per cento dei voti è stata il più grande partito italiano. È scesa a un minimo del 28 per cento di voti, prima di sciogliersi.

- **Partito democratico della sinistra (Pds):** Ex **Partito comunista italiano (Pci)**, è sempre stato il maggior partito di opposizione. Nel 1989 il partito ha cambiato nome e si è orientato di più sulle riforme. Oggi il Pds governa l'Italia insieme al Ppi in una coalizione chiamata l'Ulivo.

- **Forza Italia:** È un movimento fondato nell'ottobre 1993 dall'imprenditore Silvio Berlusconi, allora proprietario di tre reti televisive e di giornali. In soli sei mesi Berlusconi ha portato Forza Italia ad avere il 22 per cento dei voti alle elezioni politiche del 27 marzo 1994. La percentuale è scesa al 20,6 nelle elezioni del 1996.

- **Alleanza nazionale (An):** È il nuovo nome del **Movimento sociale italiano (Msi)**, il partito di estrema destra fondato dopo la guerra. Ha circa il 16 per cento dei voti.

- **Lega nord:** Si è presentato per la prima volta alle elezioni nel 1990 e ha subito avuto un grande successo, con circa il 10 per cento dei voti. Si chiama così perché propone una Repubblica del Nord Italia, separata dal resto del paese.

- **Verdi:** I Verdi sono più una federazione che un partito, in quanto raccolgono persone politicamente molto diverse, che hanno in comune l'interesse a proteggere l'ambiente. I Verdi hanno il 2,5 per cento dei voti in Italia e tre rappresentanti al Parlamento europeo.

*Il simbolo del Pds*

*Il simbolo del Ppi*

- Ti è mai capitato di ascoltare al telegiornale o di leggere su un giornale del tuo paese notizie della politica italiana?

- C'è qualche notizia che ricordi? Quali nomi di politici italiani ricordi?

---

### Tangentopoli

Nel 1992 un gruppo di magistrati di Milano inizia un'azione contro alcuni politici italiani, accusati di aver preso soldi dagli industriali in cambio di concessioni e favori. Questi pagamenti sono detti "tangenti" e, in seguito il fenomeno della corruzione viene chiamato Tangentopoli. L'inchiesta della magistratura è detta Mani Pulite.

Tutte le fasi del processo ai politici sono state trasmesse in televisione e milioni di persone hanno seguito gli interrogatori.

---

*Il simbolo di Alleanza Nazionale*

# Aspetti della società

## Un paese che cambia

L'Italia ha un'eredità religiosa unica, presente in tutti gli aspetti della cultura italiana. Inoltre, è sede del Vaticano e centro mondiale del cattolicesimo. Oggi però l'influenza della Chiesa sull'opinione delle persone e sulle loro scelte è molto diminuita.

In passato il parroco aveva una funzione molto importante, soprattutto nelle piccole comunità. A lui si confidavano i problemi familiari o sociali e lui, con la sua autorità, consigliava e aiutava tutti. Oggi il sacerdote ha perso questo ruolo importante nella società.

Questo declino è cominciato negli anni Settanta. Nel 1974 il divorzio è diventato legge dello Stato, e nel 1981 è stato legalizzato l'aborto. Oggi l'83 per cento della popolazione italiana è di religione cattolica, ma meno della metà va a messa la domenica e soltanto il 18 per cento è praticante. I neonati che vengono battezzati sono circa il 95 per cento, ma crescendo i giovani si allontanano dalla Chiesa.

La Chiesa continua a essere presente nell'educazione, con le scuole religiose, e nelle associazioni caritatevoli.

*Le donne decidono con più autonomia della loro vita. Non sono più solo casalinghe, come in passato. Molte desiderano mettere a frutto le loro capacità in un lavoro fuori casa.*

## Aiutare gli altri

In Italia esistono numerose associazioni di volontariato. Sono soprattutto i giovani che operano come volontari nei campi più diversi. La loro attività di aiuto e di assistenza si rivolge agli ammalati, agli anziani, ai tossicodipendenti e agli immigrati.

In Italia ci sono più di due milioni di immigrati extracomunitari, che provengono da paesi al di fuori dell'Unione europea, soprattutto dall'Africa del Nord e dall'Europa orientale. La presenza dei volontari accanto a chi ha problemi, anche se non può sostituirsi all'intervento dello Stato, è molto importante.

*A Milano un gruppo di volontari ha creato Telefono Mondo per dare informazioni agli immigrati su come fare per mettersi in regola con il permesso di soggiorno.*

02·70·60·3000

**SE NON SAI COME FARE**
PER RINNOVARE IL TUO PERMESSO DI SOGGIORNO
PER REGOLARIZZARE IL TUO RAPPORTO DI LAVORO
PER RIUNIRE LA TUA FAMIGLIA
PER AVERE LA CITTADINANZA ITALIANA
CHIAMA TELEFONO MONDO TI DARÀ UNA MANO.

TELEFONO MONDO CONOSCE LE TUE DIFFICOLTÀ, PARLA LA TUA LINGUA E PUÒ RISOLVERE I TUOI DUBBI. TELEFONO MONDO DÀ LA GIUSTA INFORMAZIONE SUI PROBLEMI DELL'IMMIGRAZIONE E COSTA SOLO UN GETTONE.

**TELEFONACI**
CI TROVI DAL LUNEDÌ AL VENERDÌ DALLE 15 ALLE 18.

TELEFONO MONDO

1 Oltre ad aiutare con il permesso di soggiorno, in quali altri casi Telefono Mondo dà una mano agli extracomunitari?

2 Le persone di Telefono Mondo parlano soltanto l'italiano?

# Problemi dei giovani

In nessuno dei tre settori dell'economia italiana, l'agricoltura, l'industria e le attività terziarie, c'è oggi grande espansione. Per questo ci sono ben tre milioni di disoccupati, per la maggior parte giovani. In media un giovane su tre è senza lavoro. Nel Sud il livello di disoccupazione giovanile è ancora più alto.

Essere senza lavoro spesso causa una sensazione di inutilità, di sfiducia nel futuro: è difficile dare un senso alla propria vita. Forse è da ricercare anche in questo il motivo dell'aumento del consumo di droga da parte dei giovani, anche se la tossicodipendenza è comunque un problema molto complesso.

《 *Non riesco a trovare un lavoro. Posti di lavoro ce ne sono, ma si tratta di lavori manuali o lavori altamente specializzati. Ho pensato di iscrivermi a un corso di laurea breve, scegliendo economia bancaria o commercio internazionale.* 》

**OFFERTE LAVORO** AZIENDA alimentare assume subito diplomato minimo 25 anni da inserire propria rete vendita come impiegato viaggiatore. Richiedesi: presenza, esperienza, massima serietà.

 Secondo te, quali possono essere le soluzioni per facilitare l'entrata dei giovani nel mondo del lavoro?

A Incoraggiare le persone ad andare in pensione prima.

B Dividere lo stesso posto di lavoro.

C Fare lo stagista (senza salario) presso un'azienda per ottenere esperienza.

# Criminalità organizzata

La mafia è un'organizzazione criminale di origini antiche. Era già presente in Sicilia nella seconda metà del secolo scorso. Il nome mafia in siciliano significa baldanza o coraggio. In Calabria la mafia si chiama *'ndrangheta*, mentre in Campania si chiama *camorra*.

Lo Stato non è mai riuscito a reprimere queste associazioni criminali, che si sono arricchite sempre di più e sono diventate molto potenti. Oggi la mafia è presente non soltanto in tutta l'Italia, ma anche all'estero. Le sue attività sono: il commercio di armi e droga, l'usura (il prestito di denaro a interessi altissimi), le estorsioni di denaro ai danni dei commercianti.

Alcuni politici e funzionari dello Stato sono stati accusati di essere complici della mafia. Ci sono però anche magistrati, poliziotti e carabinieri che sono stati uccisi per aver fatto il loro dovere.

*I magistrati, Giovanni Falcone e Paolo Borsellino, sono stati uccisi nel 1992 per aver denunciato con coraggio le attività illegali di gruppi mafiosi.*

## Leggere il giornale

L'Italia è uno dei paesi europei in cui si leggono meno giornali. Meno del 60 per cento delle famiglie italiane ne acquista uno regolarmente.

I quotidiani più venduti sono il *Corriere della Sera* di Milano e *La Repubblica* di Roma, che vendono circa 500.000 copie, e *La Stampa* di Torino, che vende circa 400.000 copie.

*Corriere della Sera* è il più vecchio quotidiano italiano. È stato fondato a Milano nel 1876, pochi anni dopo l'Unità d'Italia. *La Repubblica* è un giornale giovane, fondato a Roma nel 1976 da un gruppo di giornalisti del settimanale *L'Espresso*. *La Stampa* invece è nata dalla trasformazione di un giornale regionale, la *Gazzetta Piemontese*, nel 1898.

Quasi tutti i giornali hanno pagine di politica, di cronaca, di economia e di cultura. In certi giorni della settimana appaiono supplementi per approfondire argomenti scientifici o letterari, per suggerire degli itinerari di viaggio o per dare consigli su come investire il denaro.

*Il Sole 24 Ore di Milano è un giornale che si occupa soltanto di economia. La Gazzetta dello Sport e Tuttosport si occupano soltanto di sport. La Gazzetta dello Sport ha la particolarità di essere stampata su carta rosa.*

*Oltre ai quotidiani ci sono riviste settimanali come L'Espresso, Panorama e Epoca, che commentano la politica e il costume. Inoltre, data l'importanza che ha la moda in Italia, ci sono diverse riviste di moda come Vogue Italia, King e Moda, con foto di vestiti e d'accessori.*

● Quali di questi giornali o riviste ti interessano di più? Quelli/e di attualità, di sport, di moda, di economia o di politica?

● Fai un'indagine nella tua classe: tu e i tuoi compagni cosa leggete di più, libri, quotidiani o riviste?

● Che tipo di libri scegliete? Ne leggete molti o pochi?
- romanzi
- saggistica
- gialli
- biografie
- manuali

● Se non leggete, quali sono i motivi?

### Nel mio paese...

In Italia ci sono molti giornali regionali che dedicano parecchie pagine alle notizie locali. Tra questi, *L'Arena* di Verona, *Il Messaggero* di Roma, *Il Mattino* di Napoli, *La Nazione* di Firenze e *La Nuova Sardegna* di Sassari.

# Guardare la televisione

La televisione è sicuramente il passatempo preferito del 98 per cento delle famiglie italiane, che la guardano in media tre ore al giorno.

La televisione pubblica italiana si chiama RAI (Radiotelevisione Italiana) e ha tre reti o canali nazionali: RAI 1, RAI 2, RAI 3. Ci sono anche tre canali nazionali privati: Canale 5, Retequattro e Italia 1. Le reti più seguite sono RAI 1, con una media del 21 per cento di telespettatori, e Canale 5, con una media del 20 per cento.

Su tutti i canali c'è la pubblicità. Sui canali RAI la pubblicità è posta all'inizio o alla fine dei programmi, mentre sui canali privati la pubblicità interrompe i film o le trasmissioni.

I programmi televisivi più seguiti sono le partite di calcio, gli spettacoli musicali come il Festival di Sanremo (quindici milioni di spettatori in media ogni anno) e i film. Ma anche i talk-show e le soap opera non sono da meno.

*Pippo Baudo è uno dei presentatori televisivi più famosi.*

**《** *C'è un programma tivù fatto da giovani che mi piace molto. Si chiama Amici e ogni puntata è dedicata a un tema che riguarda noi ragazzi. La conduttrice introduce l'argomento, poi i giovani che sono in studio lo discutono e confrontano le loro opinioni. Questo programma mi piace perché mi aiuta a capire i miei problemi.* **》**

**《** *La domenica pomeriggio sto in casa a fare da babysitter al mio nipotino. Mi piacerebbe tanto vedere qualche bel film, con una storia ben raccontata e senza violenza, oppure un documentario su paesi lontani o un'inchiesta su problemi di attualità. Invece non si vede che sport, su tutti i canali. Che barba!* **》**

## Ascoltare la radio

La RAI ha anche tre reti radio: Radio 1, Radio 2 e Radio 3. Radio 1 si occupa principalmente di informazione, Radio 2 ha molti programmi di intrattenimento e Radio 3 trasmette musica classica e jazz, informazione scientifica e letteratura. Ci sono poi radio private locali, che trasmettono in continuazione musica pop. Fra queste ci sono Radio DeeJay, con una media di più di quattro milioni di ascoltatori, e Radio Kiss Kiss, con più di due milioni.

● Sei d'accordo con i gusti di queste due persone?

● Quali sono i programmi televisivi che preferisci?

● Ci sono programmi che ti piacerebbe vedere alla televisione, e che non vengono mai o quasi mai trasmessi? Quali sono?

# Economia

## La sesta potenza mondiale

L'Italia è il sesto fra i paesi più industrializzati del mondo. L'economia italiana presenta tre componenti: in primo luogo c'è una forte presenza dello Stato nelle industrie di base.Ci sono poi pochi grandi gruppi industriali privati, come la Fiat, Fabbrica Italiana Automobili Torino, (che produce principalmente auto), l'Olivetti (che produce macchine per ufficio e computer) e la Fininvest (che è il più grande gruppo privato nel settore dell'informazione). Ci sono infine moltissime industrie di dimensioni piccole e medie.

Le industrie principali sono quelle meccaniche, metallurgiche, chimiche, tessili, dell'abbigliamento e delle calzature.

I grandi settori di attività della popolazione sono così distribuiti: servizi (59 per cento), industria (32,1 per cento), agricoltura (8,9 per cento). Queste percentuali rappresentano la media nazionale. Nelle regioni del Nord c'è un maggior numero di persone che lavora nei servizi tecnologicamente più avanzati e nell'industria, mentre nel Sud è più alta la percentuale delle persone che lavorano nel settore agricolo e nella pubblica amministrazione.

Lo Stato ha fatto parecchi investimenti nel Mezzogiorno, nel tentativo di avviare l'industrializzazione di queste regioni, ma c'è ancora un forte squilibrio fra Nord e Sud.

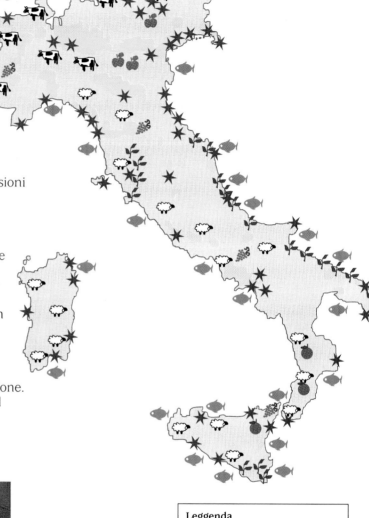

*I distretti industriali sono zone in cui ci sono fabbriche specializzate nella produzione o lavorazione dello stesso prodotto: la seta (a sinistra) a Como, in Lombardia, la lana a Biella, in Piemonte, e le scarpe a Vigevano, in Lombardia, e nelle Marche.*

**Leggenda**

Area industriale

Zone turistiche ✶

Porti di pesca principali 🐟

Allevamento bovino/ovino 🐄 🐑

Olivo 🌿

Frutta (incluso agrumi) 🍎🍎

Vite 🍇

# Importazioni ed esportazioni

L'Italia è povera di materie prime e se le procura attraverso gli scambi con l'estero. Il 55 per cento dei beni importati, fra i quali il petrolio, è destinato a essere trasformato.

Al contrario, il 97 per cento delle esportazioni consiste in prodotti lavorati. I principali prodotti esportati sono:

• Macchine industriali e agricole
• Prodotti tessili e abbigliamento
• Calzature e altri prodotti in cuoio
• Prodotti industriali in legno, carta e gomma.

Per quanto riguarda l'agricoltura, l'Italia esporta frutta, ortaggi, vini e conserve. L'Italia è il primo paese produttore di uva, il secondo produttore di olive e il quarto produttore di pomodori e mele nel mondo.

*La Fiat è tra le prime dieci produttrici di auto al mondo. Circa il 50 per cento delle automobili circolanti in Italia è Fiat, come pure il 13 per cento di quelle vendute in Europa e il 5 per cento di quelle vendute nel mondo.*

# Dalla terra e dal mare

Negli ultimi venti anni il numero di persone che lavorano nel settore agricolo è molto diminuito, ma è aumentato l'uso delle macchine agricole. Le aziende che rendono sono quelle grandi, con produzioni specializzate e legate al mercato.

La zona agricola più importante è la pianura padana, che rappresenta da sola il 70 per cento di tutto il territorio pianeggiante italiano. È una terra fertile, con grande disponibilità d'acqua, e le aziende di questa zona adottano tecnologie moderne di coltivazione.

L'Italia è al terzo posto in Europa per numero di pescherecci, ma importa circa la metà del pesce che consuma. Il mare più pescoso è l'Adriatico e i centri più importanti per la pesca sono Chioggia (Veneto) e San Benedetto del Tronto (Marche).

*Una cooperativa è una società formata da un gruppo di persone, chiamate soci. Queste persone mettono nella società soldi e lavoro e ne ricavano diversi vantaggi. In Emilia-Romagna ci sono molte cooperative agricole. La cooperativa indicata sul cartello produce alimenti biologici. Il termine biologico indica che non sono state usate sostanze chimiche.*

*Pescherecci nel porto di San Benedetto del Tronto.*

 Guarda il cartello. L'azienda si trova nelle vicinanze?

 Cerca sul dizionario la parola bovino. Che cosa significa? A quali animali si riferisce?

# Il turismo

## Per tutti i gusti

L'Italia ha molto da offrire ai 51 milioni di persone che ogni anno la visitano.
Gli appassionati d'arte e di storia ci trovano un grande patrimonio di chiese, abbazie, castelli, palazzi, musei, pinacoteche e città d'arte, come Firenze e Venezia.

Chi preferisce la natura può scegliere fra ambienti diversi. Montagne, laghi, mare, campagna si alternano e formano una grande varietà di paesaggi. Il clima è generalmente buono dappertutto.

Molti stranieri vengono in vacanza in Italia per praticare uno sport. D'inverno, in montagna, praticano lo sci, mentre d'estate fanno escursionismo e alpinismo, oppure si dedicano alla canoa e al rafting nei torrenti che scendono a valle. I turisti che scelgono il mare, oltre al nuoto e al surf, praticano la vela.

*Molti turisti praticano lo sci sulle Alpi.*

*In Italia è molto sviluppato il turismo religioso. Ogni anno milioni di persone visitano lo Stato del Vaticano, dove vive il Papa. A Padova, nel XIII secolo visse e predicò Sant'Antonio. Il santuario a lui dedicato (sopra) è una meta di pellegrinaggi. Ad Assisi, nello stesso secolo visse in assoluta povertà San Francesco, e oggi la grande basilica a lui dedicata accoglie folle di pellegrini.*

*Gli antichi Romani andavano alle terme per curare il fegato, i reni e i polmoni. Le capacità curative delle acque termali erano note già allora. Anche oggi molti Italiani e stranieri vanno a curarsi in un centro termale. I più conosciuti fra gli oltre 200 centri termali italiani sono Abano, Montecatini (sopra), Fiuggi e Ischia.*

⚫ Dove preferisci passare le tue vacanze?

⚫ Che cosa ti piace fare quando sei in vacanza?

# Gli Italiani in vacanza

Il 60 per cento circa delle famiglie italiane va in vacanza almeno una volta all'anno, di solito in luglio o agosto. Più della metà va al mare, il 20 per cento va in montagna, il 17 per cento va all'estero e il 13 per cento visita città d'arte e musei.

La maggior parte sceglie la comodità di una casa privata o di un albergo, mentre soltanto il 5 per cento va in campeggio con una tenda o una roulotte.

Qualche volta si fa il "ponte": ad esempio, quando un giorno festivo cade di giovedì, anche il venerdì che segue diventa un giorno di vacanza. È l'occasione per riposarsi, andare a trovare i parenti o andare a sciare.

Da un lato il turismo ha aumentato i posti di lavoro nell'agricoltura, nell'edilizia, nell'artigianato e nei trasporti, dall'altro ha causato danni all'ambiente. In molti luoghi di villeggiatura al mare e in montagna sono stati costruiti alberghi e villaggi turistici senza rispettare la legge.

*A Rimini, centro balneare della costa adriatica, oltre sette milioni di turisti prendono il sole ogni anno. Per poter accedere a una spiaggia attrezzata, con ombrelloni e sedie a sdraio, si deve pagare.*

● Secondo te, quali sono i vantaggi e gli svantaggi del turismo per una regione?

# A contatto con la natura

In questi ultimi anni si è sviluppato l'agriturismo, un tipo di vacanza a contatto con la natura. Gli agricoltori ospitano i visitatori nelle loro cascine in campagna e offrono cibi genuini di loro produzione. Gli ospiti passano il tempo facendo passeggiate a piedi, a cavallo o in bicicletta e varie attività all'aria aperta.

◆ Queste domande fanno parte di un "test" semiserio contenuto in un dépliant sull'agriturismo. Scegli una risposta per ogni domanda.

◆ Confronta le tue risposte con le soluzioni a piè di pagina.

**1** Dove si può fare dell'agriturismo?

**A** In tutte le regioni e negli ambienti più diversi (mare, montagna, collina, presso città d'arte e parchi naturali).

**B** In luoghi sperduti dove si muore di noia.

**C** Penso sia molto difficile avere informazioni.

**2** È vero che chi fa l'agriturismo deve aiutare gli agricoltori a lavorare i campi?

**A** Sì, svegliandosi sempre alle 4 del mattino.

**B** No, ma può assistere alle attività dell'azienda e imparare...

**C** Chi non lavora...

**3** Quante persone hanno fatto agriturismo lo scorso anno in Italia?

**A** Una, e ha giurato: "Mai più!"

**B** Un milione; un terzo lo aveva già fatto, il 95% lo rifarà e incoraggerà altri a farlo.

**C** Io, no.

Soluzioni: 1 A, 2 B, 3B.

# La famiglia italiana

## Com'è la famiglia tipica?

La famiglia italiana è molto cambiata in questi ultimi anni. In passato, fino agli anni Settanta, quando l'Italia era un paese per la maggior parte agricolo, le famiglie erano numerose e spesso nonni, genitori, figli, generi e nuore vivevano tutti insieme. Nell'Italia di oggi invece il numero medio di persone per famiglia è di tre persone. Con un numero medio di 1,31 figli per donna l'Italia è anche il paese in cui nascono meno bambini.

I motivi di ciò sono molti. C'è stato un grande cambiamento di valori nella società: la maggior parte delle donne lavora fuori casa e ha meno tempo da dedicare alla famiglia. A volte non c'è nessuna struttura o persona a cui affidare i figli.

Sono invece in aumento le famiglie composte da una sola persona, che sono più di tre milioni. Per la maggior parte si tratta di vedovi, ma ci sono anche 70.000 tra separati e divorziati.

*Tutti i parenti si riuniscono per festeggiare i compleanni e gli anniversari. Il battesimo, la prima comunione e la cresima, le tre cerimonie religiose nella vita di un bambino, sono sempre seguiti da un rinfresco, con dolci, gelati e salatini. Anche a Natale e a Pasqua ci si riunisce per festeggiare.*

*Anche se i matrimoni religiosi sono ancora la grande maggioranza, il 17,5 per cento delle coppie sceglie il rito civile e si sposa in municipio, davanti al sindaco. Rimane però la tradizione di gettare il riso sugli sposi dopo la cerimonia e quella del pranzo di nozze, che termina sempre con il taglio della torta nuziale.*

*Cento anni fa la durata media della vita in Italia era di 30 anni. Oggi l'Italia, dopo il Giappone, la Svezia e la Svizzera, è il quarto paese al mondo per la durata della vita, che in media è di 74 anni per gli uomini e 80 anni per le donne. Molti anziani, quando vanno in pensione, viaggiano e s'iscrivono a delle associazioni. Molti di loro, nel momento in cui non sono più in grado di badare a se stessi, vengono ospitati in case di riposo.*

◆ Vero o falso? Riscrivi in modo corretto le informazioni sbagliate.

A La famiglia media italiana è formata da quattro persone.

B Dopo il matrimonio, gli invitati gettano il riso sugli sposi.

C In Italia, nonni, genitori, figli, nuore e generi vivono insieme.

D La durata della vita media è di 30 anni.

E Il battesimo si festeggia con un rinfresco.

# La settimana in famiglia

*Alle 7*

Drrriinnn...Dal lunedì al venerdì, per la maggior parte delle famiglie italiane, la sveglia suona intorno alle 7. Ci si prepara in fretta, e poi si fa una veloce colazione; spesso caffè per gli adulti e caffelatte per i figli con un po' di pane con marmellata. Dopo si va di corsa al lavoro o a scuola.

*Il fine settimana*

Soltanto durante il fine settimana il ritmo della giornata è più rilassato. Il sabato mattina si va a fare la spesa al mercato o al supermercato. Il pomeriggio o la sera si va al cinema. Durante la bella stagione la domenica si va talvolta a fare un picnic sui prati, per uscire un po' dalla città.

*Alle 19*

Nelle grandi città non si torna a casa per il pranzo e ci si rivede soltanto la sera, verso le 19. Si cena di solito davanti al televisore, che a quell'ora trasmette il telegiornale. D'estate molti escono dopo cena per una passeggiata o un gelato, mentre d'inverno si rimane a guardare la televisione fino all'ora di andare a letto.

● Scrivi quello che fai durante il giorno. Rispondi a queste domande.

A A che ora ti alzi?

B A che ora fai colazione?

C A che ora esci di casa?

D A che ora pranzi?

E A che ora torni a casa?

F A che ora ceni?

Ora fai le stesse domande a un compagno.

● Per te, qual è il momento preferito della giornata?

● Fate le stesse cose alla stessa ora? O ci sono differenze? Quali?

● Ci sono molte differenze fra quello che fa la tua famiglia e quello che fa una famiglia italiana durante la settimana? E durante il fine settimana?

# Pensiamo a studiare!

## Il sistema scolastico

Il bambino inizia il suo percorso scolastico a tre anni. La scuola materna statale non è obbligatoria e dura fino ai sei anni. Il bambino resta a scuola tutto il giorno e nel corso dell'ultimo anno inizia a leggere e a scrivere.

A sei anni va alla scuola elementare che, a differenza della materna, è obbligatoria. L'orario è di ventisei ore settimanali, da lunedì a venerdì.

All'età di undici anni il ragazzo inizia la scuola media che dura tre anni ed è obbligatoria; generalmente le lezioni si svolgono al mattino.

A quattordici anni chi vuole proseguire gli studi va alla scuola secondaria e sceglie il tipo di scuola per la quale si sente più portato. Anche la scuola secondaria si svolge per la maggior parte al mattino. Il pomeriggio lo studente si prepara a casa e fa i compiti.

Le vacanze estive vanno da metà giugno all'inizio di settembre per tutti.

*Soltanto nella scuola elementare lo Stato dà i libri gratis alle famiglie. Dopo, sono i genitori che devono acquistare i libri per i figli. Per le famiglie a basso reddito questa spesa può essere un problema. Nel mese di settembre si va in libreria a comprare i libri necessari.*

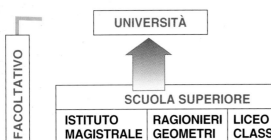

**UNIVERSITÀ**

FACOLTATIVO

| SCUOLA SUPERIORE | | |
|---|---|---|
| **ISTITUTO MAGISTRALE** (4 anni) | **RAGIONIERI GEOMETRI** (5 anni) | **LICEO CLASSICO** o **SCIENTIFICO** (5 anni) |

| ISTITUTO PROFESSIONALE | | |
|---|---|---|
| **ALBERGHIERO** (3 o 5 anni) | **TECNICO** (4 anni) | **SCUOLA D'ARTE** o **DI ARTIGIANATO** (4 anni) |

OBBLIGATORIO

| SCUOLA MEDIA |
|---|
| PRIMA • SECONDA • TERZA dai 12 ai 14 anni |

| SCUOLA ELEMENTARE |
|---|
| 1° ciclo - 2 anni - 6-8 anni 2° ciclo - 3 anni - 9-12 anni |

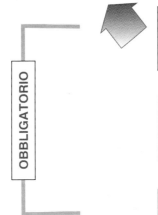

| SCUOLA MATERNA |
|---|
| dai 3 ai 6 anni |

◆ Per diventare maestra di scuola elementare ci s'iscrive all'istituto magistrale. In che posto lavora lo studente che si diploma all'istituto alberghiero?

# Gli esami non finiscono mai!

Alla fine dei cinque anni di scuola elementare gli scolari hanno il loro primo esame, la licenza elementare. Se non sono promossi devono ripetere l'ultimo anno.

Alla fine della terza media o scuola secondaria inferiore, nel mese di giugno, c'è l'esame di licenza media su tutte le materie studiate, che sono una decina. Dopo questo esame gli studenti che vogliono continuare gli studi vanno alla scuola secondaria superiore. Questa scuola si conclude con un esame chiamato "maturità" e con il rilascio di un diploma.

Durante il periodo universitario il numero degli esami va da venti a cinquanta, a seconda della facoltà frequentata. Alla fine dell'università gli studenti devono scrivere e discutere una tesi su un argomento concordato con il loro professore.

*Studenti si preparano alla maturità.*

# All'università

Alla fine degli anni Sessanta l'ingresso all'università era stato aperto a tutti gli studenti in possesso di un diploma di maturità. In questo modo gli studenti universitari erano arrivati a essere troppo numerosi.

Oggi, in molte facoltà, si è ritornati a una forma di selezione che si chiama numero chiuso. Per poter essere ammessi gli studenti devono superare un test: ancora un esame! Chi è bravo e non ha i mezzi per studiare viene aiutato con una borsa di studio.

L'università ha una durata variabile, a seconda del corso di studi. Ad esempio filosofia, legge, farmacia e agraria durano quattro anni; ingegneria, chimica e architettura durano cinque anni; medicina e veterinaria durano sei anni.

L'Italia è stato uno dei primi paesi europei ad avere l'università. Bologna vanta un'università che ha quasi mille anni. Nel Medioevo e nel Rinascimento personalità importanti venivano da tutta l'Europa a completare i loro studi in un'università italiana.

*L'Università di Bologna*

| La scuola in cifre | | |
|---|---|---|
| Questo è il livello di istruzione in Italia: | | |
| Laurea | 3,6 | per cento |
| Diploma | 18,2 | per cento |
| Licenza media | 30,7 | per cento |
| Licenza elementare | 45,4 | per cento |
| Analfabeti | 2,1 | per cento |

● Quali sono le differenze fra il sistema scolastico italiano e quello del tuo paese?

**A** A che età cominci la scuola?

**B** Rimani a scuola tutto il giorno o solo il mattino?

**C** A che età cambi tipo di scuola?

**D** Devi fare molti esami?

**E** Anche tu devi comprare i libri di testo?

# Guadagnarsi da vivere

## Quanto si lavora?

La settimana lavorativa media è di quaranta ore. La giornata di lavoro inizia fra le 8 e le 9 la mattina e termina fra le 17 e le 19 la sera. A metà giornata si fa una pausa per il pranzo.

I lavoratori hanno diritto a cinque o sei settimane di ferie pagate all'anno. In Italia non esistono turni per le ferie. Agosto è il mese in cui fabbriche, uffici e negozi chiudono, e tutti vanno in ferie per due o tre settimane. Soprattutto durante la seconda e la terza settimana di agosto le città italiane sono deserte, perché la maggior parte degli abitanti è in vacanza al mare o in montagna.

*In molti luoghi di lavoro c'è una mensa dove pranzano operai e impiegati.*

« Da vent'anni lavoro come operaio alla catena di montaggio di una grande fabbrica di automobili. A lavorare vicino a me non ci sono persone, ma robot. Per scherzo, noi operai diciamo che i robot hanno una grande qualità che li fa amare dai padroni: non scioperano mai! »

### Canti di lavoro

La musica popolare italiana è ricchissima di canti di lavoro. Un canto delle mondine, le donne che lavoravano nelle risaie, dice:

*Se otto ore vi sembran poche*
*provate voi a lavorar*
*e sentirete la differenza*
*tra lavorare e comandar.*

● Quante ore lavora un operaio nel tuo paese?

● In quali mesi si fanno le ferie?

● Preferisci lavorare in ufficio, in fabbrica o in un negozio? Perché?

● Secondo te, tra cent'anni come cambierà il lavoro? I robot faranno tutto? Quale sarà il ruolo dell'uomo?

# Il sindacato

In Italia il sindacato nasce dopo la seconda guerra mondiale per proteggere i diritti dei lavoratori, spesso non rispettati. Organizza lotte e scioperi per fare ottenere salari più alti e condizioni di lavoro migliori.

Il primo sindacato italiano è stato la C.G.I.L. (Confederazione Generale Italiana Lavoratori). Dopo qualche anno, per motivi politici, si divide in tre parti: la C.G.I.L., la C.I.S.L. (Confederazione Italiana Sindacati Lavoratori) e la U.I.L. (Unione Italiana Lavoratori).

I lavoratori iscritti al sindacato sono circa il 35 per cento e appartengono a molte categorie diverse, ma i più numerosi sono gli operai.

I segretari generali del sindacato trattano con il governo e le industrie, dopo aver sentito il parere dei lavoratori. Oggi tutte le industrie devono rispettare i diritti dei lavoratori.

- Anche nel tuo paese esiste la tredicesima?
- Immagina di ricevere la tredicesima. Come ti piacerebbe spenderla?

《 La tredicesima è un'istituzione sacra in Italia. Corrisponde a un tredicesimo mese di stipendio e viene pagata verso metà dicembre, poco prima di Natale. Io spendo la tredicesima per comperare qualche cosa che ho sognato tutto l'anno. 》

# Prepararsi al futuro

Nelle fabbriche, ma soprattutto negli uffici, le nuove tecnologie hanno trasformato il modo di lavorare; gli impiegati, ad esempio, devono imparare a usare il computer.

Ma come prepararsi al lavoro del futuro? Per chi non vuole frequentare l'Università per lunghi anni ci sono oggi dei corsi universitari che durano soltanto due o tre anni. Sono chiamati corsi di Diploma Universitario o di Laurea breve. Gli studenti possono diventare tecnici di laboratorio, di controllo ambientale, oppure esperti di informatica.

《 Quest'anno mi sono diplomata ragioniera e vorrei trovare lavoro in un'azienda, per curare la contabilità. Anche se a scuola abbiamo lavorato sui computer, non mi sento ancora abbastanza sicura. Ho deciso di iscrivermi a una scuola privata e di fare un corso per imparare di più. 》

# Italia in festa

## Le feste nazionali

In Italia le feste nazionali sono quelle di Natale, di Pasqua, dell'Assunzione, di Ognissanti e le ricorrenze civili.

### Il Natale

La notte della vigilia di Natale i bambini aspettano Babbo Natale che porta i regali, e gli adulti vanno alla messa di mezzanotte.

Il giorno di Natale parenti e amici si riuniscono per il pranzo. In alcune regioni dell'Italia del Nord si mangia la gallina faraona arrosto. Come dolce si mangia il panettone e si beve il vino spumante. Nel Sud invece si mangia il capitone, che è un pesce simile all'anguilla.

*Il panettone, una tradizione tipica italiana*

*Fare l'albero di Natale è usanza piuttosto recente in Italia.*

### L'Epifania

Il 6 gennaio, giorno dell'Epifania, si ricorda la visita dei tre Re Magi a Gesù Bambino a Betlemme. I bambini appendono delle calze per la Befana, una vecchia che porta i doni. A chi non è stato buono, la Befana porta il carbone. In passato si trattava di carbone vero, oggi è carbone dolce e buono da mangiare.

### La Pasqua

La festa di Pasqua cade sempre di domenica, fra il 22 marzo e il 25 aprile. È una solennità molto importante per la Chiesa, che celebra la Resurrezione di Cristo. I bambini ricevono l'uovo di Pasqua con una sorpresa dentro.

### 25 Aprile

È l'anniversario della liberazione dell'Italia, avvenuta nel 1945, alla fine della seconda guerra mondiale. Su tutti gli edifici pubblici sventola la bandiera, si fanno delle parate militari, e il presidente della Repubblica pronuncia un discorso.

### 1° Maggio

È la Festa del Lavoro e tutti i lavoratori sfilano per le strade. Il corteo termina in una piazza dove un sindacalista tiene un comizio.

### L'Assunzione o Ferragosto

Il 15 agosto si celebra l'ascesa (o assunzione) al cielo della Vergine Maria. Questo giorno è anche chiamato Ferragosto. In questo giorno tutti sono in vacanza e le città sono deserte.

### Ognissanti

La festa di Ognissanti cade il primo novembre, seguita il giorno dopo da quella dei morti. Tutti vanno al cimitero a portare crisantemi sulle tombe dei loro cari.

● In quale giorno si celebra la festa nazionale più importante nel tuo paese?

# Le feste patronali

Le feste patronali si chiamano così perché sono dedicate al Santo Patrono, protettore della città. In queste occasioni le città e i paesi sono addobbati a festa e ci sono drappi e fiori dappertutto.

Si porta in processione la statua del Santo Patrono e si cantano inni religiosi. Spesso c'è anche la banda musicale, per rallegrare l'atmosfera. Per i bambini ci sono le giostre e i venditori di torrone e di zucchero filato. La sera, per concludere, ci sono i fuochi artificiali.

*L'ultima domenica di maggio a Gubbio, in Umbria, anziché la statua di un santo, si portano in processione degli enormi e pesantissimi ceri. Il percorso viene fatto di corsa e vince chi va più veloce.*

# Le feste popolari

Le feste popolari sono feste spesso legate alla tradizione locale e non hanno carattere religioso. Quasi tutte hanno radici antichissime.

Il Carnevale, che cade a febbraio, è una di queste feste di origine antica. In alcune città il Carnevale si celebra con sfilate di carri allegorici sui quali ci sono enormi pupazzi. Sono le caricature di personaggi famosi, spesso politici. Le persone si mascherano e tirano coriandoli.

Un'altra festa popolare di origine medioevale è il Palio. Palio è il nome del drappo che viene consegnato al vincitore. Il più famoso è il Palio di Siena, in Toscana, che è una corsa di dieci cavalli, uno per ogni contrada (quartiere), cavalcati a pelo.

*Le sagre sono feste popolari che si svolgono nei paesi di campagna, per celebrare il raccolto dell'annata. Le più diffuse in Italia sono la sagra delle ciliegie a maggio, la sagra del peperone ad agosto e la sagra dell'uva a settembre. Sopra, si vede 'u pisci a'mmare' (il pesce al mare), che si svolge il 24 giugno ad Acitrezza, in Sicilia.*

*A Ivrea, in provincia di Torino, il Carnevale è festeggiato con la Battaglia delle Arance. Gli uomini sui carri, tirati da cavalli, bombardano con arance altri uomini che stanno a terra, che a loro volta rilanciano. Questa battaglia simbolica ricorda una sommossa popolare contro il potere avvenuta nel Medioevo.*

● Ci sono feste religiose e civili nel tuo paese? Quali?

● Scegli una festa tipica del tuo paese e presentala alla classe.

# La cucina italiana

## A tavola!

Anche se la cucina italiana è conosciuta nel mondo per la pizza, la pasta e i gelati, la sua varietà va ben al di là di questi tre alimenti. La grande abbondanza di piatti diversi è dovuta all'importanza delle cucine regionali.

In questi ultimi anni si è parlato molto della cucina mediterranea come di una cucina molto sana, che fa bene alla salute. La cucina mediterranea è soprattutto quella dell'Italia del Sud. Prevede l'uso dell'olio di oliva per condire e un maggior consumo di pesce al posto della carne. Nell'Italia del Nord per cucinare si fa più spesso uso del burro e si mangia più riso e minestra che pasta.

*La cucina tradizionale italiana è molto legata alla disponibilità di prodotti freschi di stagione. Si cucinano le verdure e gli ortaggi che si trovano freschi al mercato. I funghi si mangiano a settembre.*

*Il pasto si comincia con gli antipasti, caldi o freddi. Si sceglie poi un primo piatto: minestra, zuppa, pastasciutta o risotto. Si prosegue con un secondo piatto: pesce o carne con un contorno di verdura di stagione. Infine, il formaggio, un dolce o la frutta, fresca o secca.*

● Ci sono piatti della cucina italiana che ti piacciono? Quali preferisci?

● Hai degli amici o dei parenti che qualche volta preparano piatti italiani? Quali?

● Spesso il nome del tipo di pasta deriva dalla forma, come le farfalle, le penne o le conchiglie. Inventa un nuovo tipo di pasta. Che forma ha?

*Ci sono più di quaranta tipi diversi di pasta. Il nome dato alle varie forme è sempre al plurale: gli spaghetti, i rigatoni, le fettuccine, le penne, i maccheroni, le tagliatelle, i cannelloni, le zite...Per condire, più di cento tipi di salse, a scelta.*

# Mangiamo un gelato?

Si fa presto a dire gelato! Ma quale vogliamo? Quello fatto con latte, zucchero, uova e gusti come crema o cioccolato? La cassata, di origine siciliana, è fatta con panna e frutta candita. Il semifreddo è una torta gelato con i biscotti. Oppure preferiamo il sorbetto, fatto con la frutta, ma senza il latte, o la granita, fatta con ghiaccio triturato, caffè o limone? Se invece mangiamo il gelato mentre passeggiamo, ci vuole il cono gelato.

*Ti piacerebbe un gelato?*

⬤ Hai mai provato uno dei prodotti elencati nel cartello qui a destra?

# E da bere?

In Italia si producono circa quattrocento tipi di vino tra bianchi, rossi e rosati. Alcuni vini prendono il nome del posto dove vengono prodotti, come il Capri o l'Orvieto. Altri prendono il nome della varietà della vite, come il Moscato o il Nebbiolo.

Le famiglie italiane bevono il vino da tavola per il consumo di tutti i giorni. Quando vengono amici, o per qualche cerimonia, si beve il vino D.O.C., cioè a Denominazione di Origine Controllata, di qualità superiore e quello a Denominazione di Origine Controllata e Garantita. Per questi vini, in particolare per il secondo, i produttori devono rispettare regole precise di produzione.

*Agli Italiani piace molto il caffè, l'espresso che si beve nella tazzina. Altre bevande sono il cappuccino (con latte caldo) e il latte macchiato (con latte caldo e poco caffè).*

*Il Lacryma Christi è un vino bianco pregiato che si produce in quantità molto limitata nella zona del Vesuvio. Ha il profumo dei fiori di ginestra, che crescono numerosi tutt'intorno.*

## In tema di mangiare

Nella lingua italiana vi sono centinaia di frasi idiomatiche sul tema del mangiare. Eccone alcune:

**Essere una buona forchetta** = essere un buongustaio

**Mangiare come un bue** = mangiare moltissimo

**Mangiare come un uccellino** = mangiare pochissimo

**Mangiarsi vivo qualcuno** = aggredirlo a parole

**Pancia mia, fatti capanna!** = quando ci si prepara a mangiare molto e bene

# Andiamo a fare la spesa!

## Servirsi da soli

Secondo una recente indagine, il 76 per cento degli Italiani va spesso a far la spesa al supermercato. Il supermercato oggi più diffuso a livello nazionale è quello di medie dimensioni, con i prodotti più reclamizzati allineati in bell'ordine sugli scaffali .

Il 17 per cento dei consumatori sceglie un altro tipo di supermercato, detto discount, che vende prodotti di qualità, ma dai marchi sconosciuti perché non pubblicizzati. I clienti si servono direttamente dagli scatoloni, così si risparmia sul personale e si possono tenere i prezzi molto bassi.

La grande distribuzione ha altri due tipi di strutture, l'ipermercato e il centro commerciale. Tutti e due sorgono alla periferia delle città ed occupano grandi superfici. Vi si trova di tutto e vi si può anche mangiare.

Il piccolo negozio di alimentari a conduzione familiare è ormai sul viale del tramonto. Resiste soprattutto nei paesi e nelle piccole città, dove è ancora importante il rapporto personale con il venditore.

*Il 26 per cento degli Italiani fa abbastanza spesso la spesa negli ipermercati o nei centri commerciali perché può arrivarci comodamente con l'auto, che lascia negli ampi parcheggi.*

**1** In estate i supermercati vendono costumi da bagno, creme solari e frigoriferi portatili per le vacanze. Guarda la foto della vetrina. Quali sono gli oggetti in vendita? In che stagione dell'anno siamo?

## Il mercato

Il mercato si svolge una o due volte la settimana, all'aperto, su una via o piazza  chiusa al traffico. Sulle bancarelle si trova di tutto: frutta, verdura, vestiti, scarpe, prodotti per la casa. Il 17 per cento degli Italiani lo frequenta con regolarità.

Una parte dello spazio è riservato ai contadini che vanno al mercato a vendere la verdura e la frutta di loro produzione, le uova e i polli di fattoria. Inoltre vendono  funghi, asparagi selvatici e mirtilli che vanno a raccogliere nei boschi.

In molte città ci sono grandi capannoni dentro ai quali si svolge tutti i giorni il mercato coperto.

*Comprando vestiti al mercato.*

# Quando sono aperti?

L'orario seguito dalla maggior parte dei negozi va dalle 8.30 o le 9 del mattino fino alle 12.30, poi dalle 15 o 15.30 del pomeriggio fino alle 19.30 di sera. Soltanto i supermercati non chiudono a mezzogiorno. La pausa per il pranzo è abbastanza lunga perché spesso gli Italiani tornano a casa per mangiare.

Ci sono esercizi commerciali come i bar o le edicole dei giornali cha hanno un orario molto più lungo, dalle 6 di mattina fino a sera. Alcuni negozi, come le pasticcerie, sono aperti la mattina dei giorni festivi, perché in questi giorni è tradizione comperare le paste.

Ogni settimana tutti i negozi sono chiusi per una mezza giornata feriale e nei giorni festivi.

 Guarda gli orari di due negozi, uno è un barbiere e l'altro è un negozio di alimentari. Tutti e due sono chiusi la domenica. Quale negozio:

**A** fa una mezza giornata di riposo settimanale?

**B** fa l'orario più lungo? Quante ore alla settimana?

# Mi piacerebbe comprare...

Il bene primario in cui la maggior parte degli Italiani investe i propri soldi è la casa. Il 75 per cento della popolazione vive in una casa di proprietà. Chi se lo può permettere acquista una seconda casa, in una località di villeggiatura, per andare a passarvi il fine settimana o le vacanze estive.

Oltre alle spese per l'abitazione e gli alimentari, come spendono i soldi gli Italiani? Ecco due persone che parlano.

*« Io sono sempre stata una risparmiatrice. Ho sempre pensato a mettere via qualche cosa per i tempi più difficili. Ora sono vedova e ho una piccola pensione. Abito in un alloggio di mia proprietà. Se abitassi in un alloggio in affitto,non saprei come fare per pagarlo! »*

*« Io spendo tutto lo stipendio per mantenere la macchina e la moto, vestire bene, andare in discoteca o in vacanza. Sono ancora giovane e non sono sposato. Quando troverò una fidanzata e deciderò di sposarmi, comincerò a mettere da parte i soldi. Per ora, penso a divertirmi. »*

● Con quale di queste due persone sei d'accordo?

# Lo sport

## Gli sport della palla

Il calcio è lo sport più seguito e più praticato in Italia. In alcune città ci sono due squadre. A Torino ci sono la Juventus e il Torino (o Toro), a Milano l'Inter e il Milan, a Roma la Lazio e la Roma. Milioni di tifosi partecipano, a volte in modo fanatico, alle vittorie e alle sconfitte delle diverse squadre di professionisti. Il calcio è giocato anche per passione nei vari campetti che sorgono un po' dappertutto.

In questi ultimi anni anche le donne hanno dimostrato entusiasmo per questo gioco. Ci sono molte squadre femminili, che però non sono ancora molto conosciute.

Il gioco delle bocce è nato nell'Italia settentrionale e si è poi diffuso, soprattutto in Francia. La prima organizzazione bocciofila italiana è nata a Rivoli, vicino a Torino, nel 1847. Oggi questo sport è molto praticato anche dalle persone anziane, perché non è faticoso.

Altri popolari sport della palla sono la pallacanestro o basket e la pallavolo. Questi due sport sono arrivati in Italia dagli Stati Uniti e sono seguiti e praticati soprattutto dai giovani.

*Tifosi del Milan festeggiano una vittoria della loro squadra.*

*Giocatori di bocce fanno una partita.*

*Il Totocalcio, nato nel 1946, è un sistema di scommesse pubbliche sui risultati delle partite di calcio.*

● Qual è il tuo sport preferito?

● Preferisci sport che richiedono un certo coraggio o sport più tranquilli?

● Conosci alcuni nomi di sportivi italiani?

# A tutta velocità!

L'automobilismo e il ciclismo sono due sport molto popolari in Italia.

Molti appassionati seguono i bolidi da corsa impegnati nelle gare di Formula 1 in Italia o all'estero. Le due gare più importanti di Formula 1 nella penisola sono il Grand Prix di San Marino, che si corre sul circuito di Imola, in provincia di Bologna, e il Gran Premio di Monza, vicino a Milano.

La competizione ciclistica italiana più importante è il Giro d'Italia, che richiama un gran numero di persone ai bordi delle strade che percorre. Si corre a giugno, dura una ventina di giorni e va dalle Alpi alla Sicilia.

Da alcuni anni esiste anche un Giro d'Italia Internazionale femminile. Il colore della maglia della prima in classifica è rosa, come per gli uomini.

*L'Italia ha sempre avuto grandi campioni di ciclismo, come Fausto Coppi e Gino Bartali nel dopoguerra. In anni più recenti c'è stato Francesco Moser (sopra), che è stato campione mondiale di inseguimento nel 1976.*

# Non solo tifosi

Il ciclismo non è seguito soltanto stando seduti in poltrona, ma è anche praticato attivamente, soprattutto nell'Italia settentrionale e centrale. La sera, al ritorno dal lavoro, molti inforcano la bicicletta e pedalano per qualche chilometro.

C'è chi preferisce invece fare jogging, prima o dopo il lavoro. Anche se gli uomini sono ancora la maggioranza le donne si dedicano sempre di più a queste attività sportive.

Oggi si ha molta cura del proprio corpo e per mantenersi in forma si va in palestra a praticare il body building; è una ginnastica che si fa con l'uso di attrezzi, regolati sulla forza individuale.

*Un tipo di bicicletta molto popolare è il mountain bike. Ha un sistema di rapporti che permette di andare su strade in salita e pneumatici molto robusti per andare su sentieri e strade sterrate.*

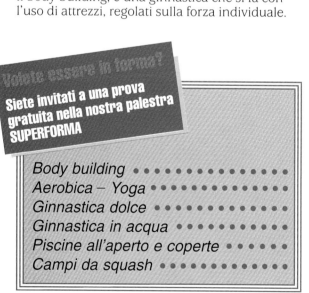

Volete essere in forma?

Siete invitati a una prova gratuita nella nostra palestra
SUPERFORMA

*Body building* • • • • • • • • • • •
*Aerobica – Yoga* • • • • • • • • •
*Ginnastica dolce* • • • • • • • •
*Ginnastica in acqua* • • • • • • •
*Piscine all'aperto e coperte* • • •
*Campi da squash* • • • • • • • • • •

◆ Guarda questa pubblicità di una palestra. Quale attività consigli per una persona:

**A** a cui piace andare in piscina?

**B** che desidera sviluppare la muscolatura?

# Il tempo libero

## È piacevole...

### ...fare la passeggiata

Nel tardo pomeriggio, soprattutto nella bella stagione, molte persone escono di casa e si riversano nelle strade, per l'appuntamento quotidiano con la passeggiata. Camminano a passo lento e chiacchierano del più e del meno con gli amici. La passeggiata si fa sotto i portici, nei giardini pubblici, in piazza o, nei centri costieri, sul lungomare.

### ...prendere un caffè

Una piacevole alternativa alla passeggiata è quella di sedersi al tavolino di un bar e prendere un buon espresso. Si osservano le persone che passano, si scherza con gli amici o si gioca a carte. Durante la bella stagione molti bar mettono fuori i tavolini e gli ombrelloni. La sera è delizioso sedersi a prendere il fresco.

### ...andare al cinema

La maggior parte della popolazione di ogni età preferisce il cinema alla sala da concerto o al teatro. Da anni ormai i film campioni d'incasso sono quasi tutti americani. Si è sviluppata anche l'abitudine di noleggiare le videocassette, per vedere i film a casa.

- Fra i tanti generi di film (di guerra, di spionaggio, di costume, d'avventura, ecc.) quale preferisci?

- Ti è mai capitato di vedere un film italiano? Ricordi il suo titolo? Era doppiato nella tua lingua o in italiano con i sottotitoli?

# È utile...

...difendere l'ambiente

Legambiente e W.W.F. sono le più grandi organizzazioni italiane per la difesa dell'ambiente. Il W.W.F si occupa principalmente degli animali selvatici e dei parchi, mentre Legambiente si occupa dell'inquinamento delle città, del territorio e del mare. Ogni anno, con la Goletta Verde, una piccola barca, i volontari controllano l'inquinamento del mare vicino alle coste e pubblicano i risultati. Sul Treno Verde, poi, organizzano mostre per sensibilizzare i ragazzi ai problemi ambientali.

◆ Osserva il cartello. Che cosa significa lo slogan di Legambiente?

◆ Quale lavoro è stato compiuto dai volontari?

◆ In quale modo si può rispondere all'invito del cartello?

...migliorarsi

◆ Leggi la scritta sul poster. Che cosa vuol dire insegnante di madrelingua?

◆ Come sono i gruppi di studenti?

L'associazione napoletana Beni Culturali e Ambientali organizza un corso, sull'arte e cultura a Napoli, volto a ricostruire i momenti delle varie vicende che hanno caratterizzato la storia della città. Il corso si compone di otto incontri e sei visite guidate ai monumenti più significativi del periodo trattato.

◆ Leggi le informazioni sul corso. Che cosa s'impara?

◆ Le lezioni sono tenute in classe?

Molti impiegano il loro tempo libero iscrivendosi a una scuola serale. Si può imparare una lingua straniera, migliorare le proprie conoscenze sul computer o prepararsi all'esame di guida.

# La carta delle Regioni

## Dalla A alla V

La prima regione italiana in ordine alfabetico è l'Abruzzo, l'ultima è il Veneto. Le regioni amministrative italiane sono venti: sette si trovano nell'Italia settentrionale, sei nell'Italia centrale e quattro nell'Italia meridionale. Dell'Italia insulare fanno parte la Sicilia e la Sardegna.
Il capoluogo è la città dove si trova il centro amministrativo della regione.

Il punto più a nord dell'Italia è la Vetta d'Italia, che si trova al confine fra il Trentino-Alto Adige e l'Austria. Il punto più a sud è l'isoletta di Lampedusa, più vicina all'Africa settentrionale che all'Italia.

◆ Guarda la cartina. Soltanto cinque regioni su venti non si affacciano sul mare. Quali sono?

### Una repubblica nella Repubblica

Fra la Romagna e le Marche, sull'Appennino, sorge la più antica repubblica del mondo: la piccola Repubblica di San Marino. È stata fondata nel IV secolo avanti Cristo.
Gli abitanti sono 23.000 circa e la superficie è di 60 chilometri quadrati.

# L'Unione europea

L'Italia, insieme alla Francia, alla Germania Occidentale, al Belgio, all'Olanda e al Lussemburgo, è uno dei paesi fondatori della Comunità europea (1957). Nel 1992, con il trattato di Maastricht, la Comunità europea (CE) si trasforma in Unione europea (UE). L'Unione europea adesso ha quindici paesi membri.

L'Unione europea interviene in diversi settori dell'amministrazione locale. Oggi molte leggi sono uguali in tutti i paesi dell'Unione europea. Anche molti interventi nei settori dell'agricoltura o dell'industria sono decisi a Bruxelles.

*Questo cartello indica che la rete telefonica in Sicilia viene ampliata grazie al Fondo europeo di sviluppo regionale.*

# L'amministrazione locale

Le regioni italiane sono suddivise in 104 province, che sono suddivise a loro volta in 10.122 comuni. Tutti e tre questi organi sono governati da un consiglio, che elegge una giunta. A capo delle regioni e delle province c'è un presidente, a capo del comune c'è il sindaco.

La Valle d'Aosta, il Trentino-Alto Adige, il Friuli-Venezia Giulia, la Sicilia e la Sardegna sono regioni autonome a statuto speciale, che hanno più libertà di decidere in modo indipendente dal governo centrale di Roma.

In Italia ci sono anche delle regioni che si sono formate nei secoli, in seguito ad avvenimenti storici, e i cui confini non coincidono con quelli amministrativi: ad esempio la Brianza, in Lombardia, le Langhe e il Monferrato in Piemonte, la Garfagnana e la Maremma in Toscana, la Ciociaria nel Lazio e il Cilento in Campania.

*La sede dell'amministrazione comunale è il municipio. Ogni cittadino italiano ha una carta d'identità (C.I.) che viene rilasciata dall'ufficio anagrafe del municipio.*

*Il sindaco, eletto direttamente dal popolo, è responsabile dell'applicazione delle leggi dello Stato a livello locale. In questo è assistito da diversi assessori comunali (ad esempio l'assessore ai servizi sociali, all'ambiente, al commercio e all'anagrafe) e altri. Il sindaco celebra i matrimoni civili. A sinistra il sindaco di Pianfei in Piemonte.*

# Paesaggio italiano

## Uno stivale nel Mediterraneo

L'Italia ha la forma di uno stivale, circondato dal Mediterraneo. La sua superficie è di 301.262 chilometri quadrati e le coste hanno una lunghezza di 4.000 chilometri. È formata dalla penisola e da due grandi isole, la Sicilia e la Sardegna. Ci sono poi sette arcipelaghi, fra i quali quello Toscano e quello Campano, e molte isole più piccole.

### Che tempo fa?

L'Italia del Nord ha un clima continentale, cioè con inverni freddi ed estati calde. La parte centrale ha un clima temperato e il Sud ha un clima mediterraneo, con inverni miti ed estati molto calde.

A Torino e a Milano la temperatura media invernale è di 3 gradi, a Roma e a Napoli è di 8 gradi, a Palermo e a Reggio Calabria è di 11 gradi.

# Le montagne

Il territorio italiano è per più di due terzi montuoso: il 38 per cento è formato da montagne, il 39 per cento da colline. Al nord ci sono le Alpi, il sistema montuoso più elevato d'Europa.

Le Alpi sono fra le montagne più giovani della terra. Sono nate circa 25 milioni di anni fa dallo scontro fra due grandi blocchi terrestri in movimento. La cima più alta è il Monte Bianco (4.810 metri), seguito dal Monte Rosa (4.638 metri).

Gli Appennini percorrono l'intera penisola. Hanno una lunghezza di 1.300 chilometri circa e sono la spina dorsale d'Italia. Gli Appennini si sono formati nello stesso periodo delle Alpi, ma hanno cime meno elevate di quelle alpine. La cima più alta è il Gran Sasso, in Abruzzo, con 2.912 metri.

Ci sono ben quattro vulcani attivi: il Vesuvio vicino a Napoli, l'Etna vicino a Palermo in Sicilia, lo Stromboli e il Vulcano nell'Arcipelago delle Eolie.

*Le Alpi segnano il confine dell'Italia con la Francia, la Svizzera, l'Austria e la Slovenia.*

● Confronta le temperature medie delle città italiane con quelle della tua città. Sono simili?

◆ Guarda la foto delle Alpi. Qual è la forma di queste cime?

# Le acque

I fiumi più lunghi sono quelli che scorrono nel nord dell'Italia. Nascono dalle Alpi e, grazie alla fusione dei ghiacciai e lo scioglimento delle nevi in primavera, sono anche i più ricchi d'acqua.

Il Po, con i suoi 652 chilometri di lunghezza, è il più lungo fiume d'Italia. Riceve moltissimi affluenti e attraversa la pianura padana. Il Po nasce dal Monviso e si getta nell'Adriatico, dividendosi in sei rami. Oltre al fiume Po, ci sono i suoi affluenti e il fiume Adige, nel nord-est della penisola.

Nell'Italia del Centro e del Sud, il corso dei fiumi è breve. D'estate, scarseggia l'acqua. Uno dei fiumi più lunghi è il Tevere (400 chilometri) che scorre in gran parte nel Lazio, bagna Roma e sfocia vicino a Ostia, nel mare Tirreno. Il fiume più conosciuto della Toscana è l'Arno (240 chilometri), che bagna Firenze e Pisa.

Nell'Italia settentrionale ci sono sette laghi. Il più esteso è il Lago di Garda, che, con una superficie di 370 chilometri quadrati, è il più grande d'Italia. C'è poi il Lago Maggiore, nel quale si trovano le isole Borromee. Tutti questi laghi hanno una forma stretta e allungata.

*Il Po attraversa la pianura padana.*

# Le grandi città

## La città eterna

Sono stati gli antichi Romani a chiamare Roma la città eterna. La città antica sorge su sette colli e si estende sulle due sponde del fiume Tevere. Roma, città ricca di storia, ogni anno è visitata da milioni di turisti, attirati dalla varietà dei suoi splendidi monumenti.

Roma è la capitale d'Italia dal 1879 ed è il capoluogo della regione Lazio, che si trova al centro-sud della penisola. La città ha quasi tre milioni di abitanti, con una densità abitativa molto alta, di 708 persone per chilometro quadrato.

A Roma hanno sede tutti gli organi centrali dello Stato, le ambasciate di tutto il mondo e molti organismi internazionali, come la FAO, l'associazione che ha il compito di migliorare l'alimentazione dei popoli dei paesi poveri. Roma è il centro mondiale della cristianità, con il Vaticano, sede del Papa.

*Nell'antica Roma il Foro è un luogo di riunione al centro della città, dove si trattano affari commerciali e politici. I Fori Imperiali, ricchi di monumenti, sono stati fatti costruire da diversi Imperatori.*

*SPQR è la sigla formata dalle iniziali di Senatus Populusque Romanus (Senato e popolo romano). Questa sigla era usata nell'antica Roma, ma anche oggi la si vede dappertutto nella città: sugli autobus, sui tombini (a sinistra) e sui bidoni della spazzatura.*

## Una città europea

Milano, capoluogo della Lombardia, è l'antica *Mediolanum* dei Romani, che oggi conta 1.700.000 abitanti. È una città ricca, laboriosa ed efficiente.

È un centro molto importante non solo in Italia, ma anche in Europa: per la sua posizione geografica, per la buona rete di trasporti ferroviari e aerei, i collegamenti attraverso le reti telematiche e l'attività finanziaria e commerciale. Tutte le più grandi banche italiane hanno sede a Milano, molte aziende nazionali hanno qui la direzione e molte aziende straniere una filiale. La Borsa Valori di Milano è la più grande d'Italia.

Al centro della città si trovano il Duomo e, accanto, la Galleria Vittorio Emanuele II, che è il punto d'incontro dei milanesi. Non lontano dal Duomo si trovano i negozi dei grandi stilisti di moda.

*La Galleria Vittorio Emanuele II*

# Fiatville

Torino, chiamata dai Romani *Augusta Taurinorum*, è una città di 960.000 abitanti. Capoluogo del Piemonte, è conosciuta come "Fiatville", cioè città della Fiat, la fabbrica costruttrice di automobili. È vero che lo sviluppo della città è legato a questa industria, che dà lavoro alla metà dei suoi abitanti, ma Torino ha anche molti altri aspetti.

Per 400 anni è stata sede dei Duchi di Savoia, diventati poi Re d'Italia. Ha un centro storico in gran parte barocco, con grandi viali che si incrociano ad angolo retto. Il centro città ha dodici chilometri di portici, sotto i quali si può passeggiare e guardare le vetrine degli eleganti negozi.

Ospita il Museo Egizio, il più grande al mondo dopo quello del Cairo. In una cappella del Duomo di Torino è conservata la Santa Sindone, il lenzuolo in cui, secondo la tradizione, è stato avvolto il corpo di Gesù.

*La Mole Antonelliana, alta 167 metri, è il simbolo di Torino. Iniziata nel 1863 dall'architetto Antonelli, viene terminata nel 1897.*

# Sotto il Vesuvio

Napoli, capoluogo della Campania, ha 1.200.000 abitanti ed è la città più importante dell'Italia del Sud. È stata fondata dagli antichi Greci con il nome di *Neapolis*.

Per quasi sei secoli è stata la capitale del Regno di Napoli; di questo periodo ci rimangono molti monumenti importanti, fra i quali il grande Teatro San Carlo. Nel 1861, la città entra a far parte dello Stato italiano unitario.

I caratteristici vicoli di Napoli pieni di vita sono stati resi celebri dai libri e dai film: i panni stesi ad asciugare e gli artigiani che lavorano in strada. Oggi questo stile di vita sta scomparendo.

Il 75 per cento dei napoletani lavora nella pubblica amministrazione, il 25 per cento nell'industria. Ci sono molte piccole imprese a carattere familiare, soprattutto nel settore delle calzature e dell'abbigliamento.

 Completa le seguenti frasi:

a La città più importante dell'Italia del Sud è....

b La città dei sette colli è...

c I più famosi stilisti di moda lavorano a...

d A...si trova il Museo Egizio.

*Napoli si trova su un ampio golfo, alle pendici del Vesuvio, e si estende lungo la costa per più di dieci chilometri. Nella foto una vista sul Golfo di Napoli.*

## Il polo industriale

Il Nord-Ovest dell'Italia comprende quattro regioni: la Lombardia, il Piemonte, la Valle d'Aosta e la Liguria. La Lombardia e il Piemonte sono fra le regioni più industrializzate d'Italia.

In Piemonte ci sono industrie meccaniche, elettromeccaniche e tessili, in Lombardia industrie di ogni tipo. Torino e Milano, capoluoghi di regione, sono i centri industriali più importanti.

Gli occupati nell'industria sono il 41 per cento in Piemonte e il 44 per cento in Lombardia, ma è il settore dei servizi avanzati (come ad esempio banche, società finanziarie, di informatica e comunicazione, agenzie di pubblicità) a occupare oggi il maggior numero di persone.

La Liguria è una regione che vive invece di turismo, con il 60 per cento delle persone che lavorano in questo settore. Ma non mancano le industrie meccaniche, siderurgiche e chimiche.

*Le industrie della Lombardia sono attive in molti settori diversi, dalla gomma, alla chimica, alla meccanica e all'elettronica. Ci sono industrie alimentari, farmaceutiche ed editoriali.
La Lombardia è la regione con il più alto reddito pro capite.*

*I Carabinieri vigilano sull'osservanza delle leggi e provvedono alla sicurezza e all'ordine pubblico. L'Arma dei Carabinieri è stata istituita a Torino nel 1814. Lo squadrone speciale dei Corazzieri (a destra) è addetto alla guardia del presidente della Repubblica. Sono scelti in base alla statura, di circa due metri.*

*Genova è il capoluogo della Liguria. Il porto, che è il più grande d'Italia, ha favorito lo sviluppo industriale della città, che oggi si estende per 25 chilometri lungo la costa. Nella parte ovest della città ci sono cantieri navali, raffinerie e industrie siderurgiche.*

# Vino e riso

Accanto alla produzione industriale, la regione Piemonte ha anche un'importante produzione agricola. È in testa alle regioni italiane per la produzione di vino pregiato e di riso.

La vite è coltivata in particolare sulle colline delle Langhe, in provincia di Cuneo, e del Monferrato, in provincia di Asti. Uno dei vini piemontesi più famosi è l'Asti Spumante, un vino bianco dolce e frizzante, che si beve con il dessert. Altri vini conosciuti sono il Barbera, il Barbaresco, il Nebbiolo e il Barolo, che sono tutti vini rossi.

Il riso richiede abbondanza d'acqua per allagare i campi; in Piemonte è coltivato nelle province di Vercelli e di Novara. Uno dei piatti tipici del Piemonte è il risotto ai tartufi o ai funghi porcini. Il tartufo è molto costoso e raro; viene trovato ad Alba in Piemonte.

*Un vigneto in Piemonte.*

# Turismo in Liguria

Il mare e la bellezza delle coste, ricche di insenature e di promontori rocciosi a strapiombo sul mare, sono la grande ricchezza della Liguria.

Ogni anno milioni di turisti vengono in vacanza nei centri balneari di questa regione: Portofino, Rapallo, Camogli, le Cinqueterre.

Le Cinqueterre sono cinque graziosi villaggi sulla costa. Monterosso al Mare è l'unico raggiungibile in macchina. A Vernazza, Corniglia, Manarola e Riomaggiore si può arrivare solamente in treno, in barca o a piedi.

In Liguria le montagne sono molto vicine al mare, proteggono la costa dai venti freddi del nord e rendono il clima mite anche nei mesi invernali. Per questo, le temperature di questa regione sono simili a quelle dell'Italia del Sud.

*Riomaggiore nelle Cinqueterre*

 Di dove sono? Scegli l'aggettivo che corrisponde alla città di origine.

**A** Abito in un piccolo villaggio sulla costa della Liguria. Non ci si arriva con la macchina. Sono...

**B** Abito in una regione in cui si trovano molte fabbriche. Si producono anche vino e riso. Sono...

**C** La mia città è il capoluogo della Liguria e il porto più grande d'Italia. Sono...

**D** La città in cui abito è il capoluogo del Piemonte. Sono...

- milanese          - genovese
- cornigliese      - astigiano
- piemontese      - torinese

# Una fabbrica sotto ogni campanile

Il Veneto è una regione in pieno sviluppo industriale. Con l'espressione "una fabbrica sotto ogni campanile" si vuole dire che nel Veneto non ci sono grandi concentrazioni industriali, come ad esempio in Piemonte, ma piuttosto molte industrie di dimensioni piccole e medie. I settori più sviluppati sono il petrolchimico, a Marghera, vicino a Venezia, l'elettromeccanico, il tessile e l'alimentare.

L'agricoltura rappresenta ancora una parte importante del reddito, con produzioni di granturco, grano, soia e frutta. A sud di Venezia è importante la pesca, in particolare dei molluschi.

Nel settore dei servizi, la fonte di reddito più importante è il turismo.

*Il Veneto è la regione che produce più granturco, con la farina del quale si fa la polenta, il piatto regionale più popolare.*

# La città sull'acqua

Venezia è chiamata la città sull'acqua perché sorge su 120 isolette, collegate da 400 ponti. Gli edifici della città poggiano su milioni di tronchi di quercia, piantati sul fondo del mare.

Nel V secolo dopo Cristo un gruppo di profughi trovò rifugio su queste isole della laguna. Nacque così Venezia, che allora si chiamava Rivoalto. In origine era un piccolo villaggio di pescatori, ma nei secoli Venezia è diventata prima un importante centro commerciale, poi la più grande potenza marinara del Mediterraneo.

*Il nome di Venezia deriva dal latino* veni etiam= *vieni ancora. Molti turisti vengono ogni anno a visitare la Basilica di San Marco, il Palazzo Ducale o il Canal Grande (sopra). I residenti sono oggi meno di 100.000 e Venezia corre il rischio di trasformarsi in città-museo, soltanto per turisti.*

*A Venezia non ci sono macchine. Per girare in città i veneziani vanno a piedi lungo le strette vie, chiamate calli, o in vaporetto (a sinistra) lungo i canali. Il Canal Grande, lungo quasi tre chilometri, è la "via principale" di Venezia.*

# Una regione, due popoli

Il Trentino-Alto Adige fa parte dell'Italia dalla fine della seconda guerra mondiale nel 1945 ed è una regione autonoma. A nord, nell'Alto Adige, la maggioranza della popolazione è di lingua tedesca e il tedesco è lingua d'insegnamento a scuola. A sud, nel Trentino, la popolazione è invece di lingua italiana.

La convivenza fra questi due popoli di lingua, tradizioni e cultura diverse non è mai stata facile, e ha portato in passato a episodi violenti di terrorismo da parte di alcuni autonomisti di etnia tedesca. Oggi la situazione si è stabilizzata.

La regione è quasi interamente montuosa. Le Dolomiti, le montagne più conosciute, si trovano ad est. L'economia si basa sul turismo e sulla produzione di frutta, in particolare mele, e di vino bianco. C'è anche una rilevante produzione di legname e di energia idroelettrica.

*Bolzano, in tedesco Bozen, ha un'architettura tipica più di una città tedesca che di una italiana. I cartelli della città sono bilingue, come tutti quelli della regione Alto Adige.*

 Quali sono i titoli dei giornali che si vedono nella foto? Quali sono regionali e quali nazionali?

*Reinhold Messner, nato nell'Alto Adige, è un noto alpinista. Nel 1978 Messner e il suo compagno Peter Habeler sono stati i primi a scalare l'Everest senza ossigeno. Due anni dopo Reinhold Messner è stato il primo a scalare l'Everest in solitaria.*

# Una terra di frontiera

Il Friuli-Venezia Giulia, al confine con l'Austria e la Slovenia, ha subito nel corso dei secoli influenze romane, germaniche e slave. Soltanto nel 1954 Trieste, il capoluogo della regione, è entrata a far parte definitivamente dello Stato italiano. La provincia di Gorizia, una delle province del Friuli-Venezia Giulia, è attraversata dalla linea di confine con la Slovenia.

L'economia della regione è basata sul turismo, sull'agricoltura e sull'allevamento dei suini, per la produzione del pregiatissimo prosciutto di San Daniele.

È fiorente l'industria degli elettrodomestici e quella tessile, mentre sono in declino i cantieri navali. In provincia di Udine ci sono molte aziende di piccole e medie dimensioni.

*Trieste, il capoluogo del Friuli, sorge su un golfo, è un porto commerciale ed è sede di cantieri navali. A Trieste hanno sede, inoltre, alcune importanti compagnie di assicurazione.*

# Centro-Nord

## Un triangolo ben delimitato

L'Emilia-Romagna ha la forma di un triangolo, che ha per lati il Po a nord, il mare Adriatico ad est e l'Appennino a sud-ovest. È una delle regioni italiane più ricche e meglio organizzate sotto l'aspetto economico e sociale.

L'agricoltura, organizzata in cooperative, usa tecniche moderne. Questo settore impiega il 10 per cento della popolazione e per il suo sviluppo esistono molti laboratori di ricerca. La regione è al primo posto per la produzione di grano tenero e di barbabietola da zucchero. Produce anche molte pesche, pesche noci e vino Lambrusco.

Il 36 per cento della popolazione lavora nell'industria, nei settori chimico, metalmeccanico e tessile.

Bologna, il capoluogo, ha poco più di 400.000 abitanti. La città è chiamata "la grassa" per la sua ottima cucina e "la dotta" perché è stata la prima città europea ad avere l'università, nel XI secolo. Il centro storico di Bologna è tutto medioevale. Gli edifici sono costruiti in mattoni a vista, che danno alla città un colore rosso uniforme.

*L'Emilia-Romagna è il paradiso gastronomico d'Italia. Le lasagne all'uovo, i tortellini ripieni, il Parmigiano reggiano, il prosciutto di Parma e l'aceto balsamico sono tutte produzioni locali.*

## Le Marche

Il nome della regione Marche risale al Medioevo. È un nome di origine tedesca, che significa confine.

Se la regione Emilia-Romagna è famosa per la sua cucina, la regione Marche è famosa per le sue cucine. Nelle industrie di Pesaro vengono infatti fabbricate tutte le più rinomate cucine italiane.

Nella zona di Castelfidardo, a sud di Ancona, ci sono molti laboratori per la produzione di strumenti musicali, in particolare di fisarmoniche, tipiche delle Marche, ma anche di pianoforti, organi e chitarre.

Recanati, in provincia di Macerata, è il luogo di nascita di Giacomo Leopardi (1798-Napoli 1837), uno dei più importanti poeti italiani.

*Fabriano è famosa per le sue cartiere, fra le più grandi al mondo. Una vecchia cartiera, che risale al XIV secolo, ospita un museo in cui si può vedere l'antico metodo di lavorazione della carta.*

# La patria della lingua italiana

Grandi scrittori italiani del passato, come Vittorio Alfieri e Alessandro Manzoni, sono venuti in questa regione per affinare la loro lingua. Anche oggi, come allora, la Toscana è un centro di arte e di cultura. Firenze, il capoluogo, Siena, Pisa, Lucca e Arezzo sono città ricche di arte e di storia, che attirano ogni anno molti turisti. Quasi il 60 per cento della popolazione della regione lavora nel turismo, in località della costa, come Forte dei Marmi o Viareggio.

Firenze è una città conosciuta in tutto il mondo. È detta la città del fiore, perché ha come simbolo un giglio. *lily* Con i suoi 400.000 abitanti è l'ottava città d'Italia per grandezza.

Le produzioni agricole caratteristiche della regione sono l'olio di oliva nella provincia di Lucca e il vino nella zona del Chianti, a sud di Firenze.

In Toscana è molto sviluppata l'industria della lavorazione del cuoio e delle pelli. Altre industrie sono quella meccanica e quella tessile. È importante l'artigianato, specie quello della ceramica. *craftmenship*

*Sopra si vede Ponte Vecchio a Firenze.*

# Il cuore verde d'Italia

L'Umbria è l'unica regione dell'Italia centrale che non si affaccia sul mare. È chiamata il cuore verde d'Italia per la sua abbondanza di pascoli e di boschi, soprattutto di querce. *oak* La regione vive di turismo e di agricoltura, con produzione *corn* di granoturco, girasole e vino bianco, anche se non manca una certa presenza industriale, a Terni e provincia. *sunflower*

A Perugia, capoluogo dell'Umbria, c'è un'università per gli stranieri che vogliono apprendere la lingua italiana. È frequentata da studenti di tutto il mondo.

Durante l'estate ha luogo il Festival di Spoleto famoso per i suoi spettacoli teatrali e musicali, anche di avanguardia.

*Il Festival di Spoleto*

◆ Vero o falso? Riscrivi in modo corretto le informazioni sbagliate.

A Il mare della costa dell'Umbria è bello.

B Nelle Marche si fabbricano molte cucine.

C Il Parmigiano è un formaggio dell'Emilia-Romagna molto conosciuto.

D Il ponte più famoso di Firenze si chiama Ponte Nuovo.

## Una terra preistorica

Il Lazio ha come capoluogo Roma, la capitale d'Italia. È l'antico *Latium*, la terra in cui sin dall'epoca preistorica si è stabilito il popolo dei Latini. Nel nord del Lazio vivevano gli Etruschi (vedi a pagina 12).

A Rieti, a nord-est di Roma, si trova una lapide che indica il centro geografico dell'Italia. I Romani chiamavano Rieti *Umbilicus Italiae* (l'ombelico d'Italia), perché era un importante centro di comunicazioni.

Oggi dei circa cinque milioni di laziali (persone che vivono nel Lazio), il 20 per cento lavora nell'industria e il 75 per cento nei servizi. Soltanto il 5 per cento dei laziali si dedica all'agricoltura e all'allevamento di ovini e bufali.

La zona più fertile è la Ciociaria, nel sud del Lazio, dove vengono coltivati grano e ortaggi. Quest'area prende il nome dalle ciocie, le calzature un tempo portate dai contadini della zona.

*Un piatto tipico della cucina romana sono i saltimbocca alla romana. Sono delle fettine di vitello ricoperte da prosciutto che si fanno cuocere con burro, vino bianco e salvia.*

## Il Vaticano

Con una superficie di 0,44 chilometri quadrati e una popolazione di mille abitanti, per la maggior parte religiosi, il Vaticano è lo Stato più piccolo del mondo. È la sede del Papa, capo spirituale di tutti i cattolici, che nel mondo sono più di un miliardo.

Lo Stato del Vaticano, che sorge al centro di Roma, è nato nel 1929, in seguito alla firma dei Patti Lateranensi tra lo Stato fascista e la Chiesa cattolica.

Il Vaticano ha un suo giornale, l'*Osservatore Romano*, e una stazione radio, *Radio Vaticana*. Emette anche francobolli e monete.

Esiste un corpo speciale a guardia dello Stato del Vaticano: le Guardie Svizzere. Il corpo viene istituito da Papa Giulio II nel Cinquecento. Le Guardie Svizzere si riconoscono facilmente per l'uniforme tradizionale a strisce gialle, rosse e blu.

I Musei Vaticani sono ricchi di opere d'arte e comprendono anche la Cappella Sistina, con la volta dipinta da Michelangelo Buonarroti.

*L'edificio più importante dello Stato del Vaticano è la Basilica di San Pietro. Qui ogni domenica il Papa tiene un discorso seguito dai fedeli che si riuniscono in piazza. Questo discorso viene trasmesso dalle televisioni di tutto il mondo.*

 Come si chiama l'altro Stato indipendente presente nella penisola?

# Abruzzo

L'Abruzzo è una regione che si estende in gran parte sull'Appennino. Vive principalmente di turismo e di agricoltura, con il 60 per cento degli abitanti impiegati nel turismo e nella pubblica amministrazione e il 12 per cento nell'agricoltura. Più di un quarto degli abruzzesi lavora nell'industria elettronica, tessile, dell'abbigliamento, della ceramica e del vetro.

La produttività agricola è molto elevata. Le principali coltivazioni sono l'uva da tavola, le patate, la liquirizia e lo zafferano.

L'Aquila, il capoluogo dell'Abruzzo, si trova ai piedi del Gran Sasso (metri 2.912), il monte più alto degli Appennini .

*Sull'Appennino c'è il Parco Nazionale d'Abruzzo, uno dei più grandi d'Italia. Nel parco vivono l'orso e il lupo (scomparsi nel resto d'Italia) il camoscio e l'aquila reale.*

● Dove si trovano i parchi nazionali nel tuo paese? Perché queste aree sono diventate parchi nazionali?

# Il giovane Molise

Situata fra l'Appennino e il Mare Adriatico, la regione del Molise, che ha come capoluogo Campobasso, è la più giovane regione italiana. Infatti, è stata costituita nel 1963 per desiderio d'indipendenza. Insieme alla Valle d'Aosta, è la regione più piccola e più montuosa.

Il Molise è una delle regioni meno sviluppate d'Italia, con un reddito pro capite molto inferiore alla media nazionale. Il 20 per cento dei molisani si dedica all'agricoltura che consiste prevalentemente nell'allevamento degli ovini e nella coltivazione del grano, delle fave e dei girasoli (per la produzione di olio). Il 26 per cento della popolazione lavora nell'industria meccanica, tessile e alimentare.

Sulla costa e in alcune località dell'Appennino sono stati creati centri turistici. Il Matese è un gruppo montuoso dell'Appennino, con pendici alte, ma non troppo ripide, molto adatte per campi da sci. Qui si sono sviluppati diversi centri turistici invernali. Uno di questi centri è Campitello Matese.

## CERCEPICCOLA - I Mesi

*La rappresentazione dei "Mesi", probabilmente originaria della Campania, viene introdotta a Cercepiccola alla fine XVIII secolo.*

*Generalmente si svolge l'ultima domenica di Carnevale (per il momento una volta ogni otto anni) e si tratta di una drammatizzazione popolare. Fra i 32 personaggi ci sono un direttore d'orchestra e otto orchestrali, un padre, un nonno, quattro uomini che rappresentano le stagioni e dodici uomini, i mesi. Recitano vestiti nelle fogge più varie in groppa ad asini e cavalli.*

*La recita inizia verso le dieci e continua fino al tramonto; non viene interrotta neanche per il pranzo. Gli spettatori offrono agli attori bevande e frittelle.*

 Leggi le informazioni sulla festa dei Mesi a Cercepiccola in Molise.

A Si svolge tutti gli anni?

B Gli attori vanno a piedi?

C A che ora mangiano gli attori?

# Il Mezzogiorno

## La Campania

Gli antichi Romani chiamavano le province di Napoli, Caserta e Salerno "Campania felice", per la straordinaria bellezza del Golfo di Napoli e di tutta la costa. Oggi, nonostante problemi causati da speculazione edilizia e inquinamento, questa regione è ancora ricca di attrattive turistiche. Nel Golfo di Napoli ci sono le isole di Capri e Ischia, con scogliere e grotte naturali, come la famosa Grotta Azzurra di Capri.

La Campania ha quasi sei milioni di abitanti di cui più della metà vive a Napoli e provincia. La terra fertile e il clima mite favoriscono le coltivazioni, soprattutto sulla costa; il 12 per cento dei campani lavora in agricoltura. Gli altri lavorano nell'industria (24 per cento), nel turismo e nel pubblico impiego (65 per cento). Nelle province di Napoli e Salerno ci sono grandi complessi industriali del settore alimentare, meccanico e siderurgico.

*Pompei era un importante centro commerciale e culturale romano. La città è stata seppellita sotto la lava del Vesuvio nell'eruzione del 79 dopo Cristo. Rimangono importanti rovine, i fori, i templi, le terme, l'anfiteatro e le ville.*

*Carlo Levi (Torino 1902-Roma 1975) era medico, scrittore e pittore. Negli anni 1935-36 viene mandato a Eboli, un piccolo paese della Campania, a causa del suo impegno antifascista. Nel 1945 Levi scrive Cristo si è fermato a Eboli, una cronaca della vita quotidiana di una regione povera del Meridione. Sopra, un'immagine del film basato sulla storia del libro.*

*Ospitalità in azienda oliviticola di 17 ettari nella panoramica Valle del Sele, nei pressi del centro archeologico di Paestum; mare a 8 km. Tennis, calcetto, pattinaggio, teatro e cinema all'aperto, discoteche, ballo liscio; equitazione, pesca, tennis (km 8).*

◆ Leggi le informazioni su un'azienda agricola in Campania. Prepara quindi un programma per turisti che vi passano tre giorni. Includi attività per il mattino, il pomeriggio e la serata.

# Punta e tacco

La Calabria e la Puglia occupano rispettivamente la punta e il tacco con sperone dello "stivale Italia". Mentre la punta è ricca di montagne selvagge, che scendono fino al mare, il tacco è pianeggiante. Il gruppo montuoso più importante della Calabria è l'Aspromonte. Il Tavoliere delle Puglie è la pianura più vasta dell'Italia del Sud.

In Puglia ci sono alcuni poli industriali importanti: a Taranto quello siderurgico, a Brindisi quello chimico. Bari, il capoluogo della Puglia, ha un grande porto. Nel settore agricolo i prodotti principali sono l'ulivo e la vite. Il turismo è sviluppato soprattutto nel Gargano (lo sperone) e nel Salento (il tacco).

In Calabria il 30 per cento delle persone lavora nell'agricoltura, in particolare nelle coltivazioni di agrumi (arance, mandarini, cedri e bergamotti, usati per l'acqua di colonia), di olive e frutta tropicale.

Il capoluogo della Calabria è Catanzaro, ma il centro industriale è Reggio Calabria che è anche la città più popolata della regione. Reggio Calabria si trova sullo Stretto di Messina davanti alla Sicilia. Da molti anni si parla di costruire un ponte fra la Calabria e la Sicilia, ma è un progetto molto difficile e costoso da realizzare.

I centri balneari principali si trovano sulla costa tirrenica, ma anche la costa ionica offre attrattive turistiche, tra le quali i luoghi di villeggiatura di Copanello e Soverato.

*I trulli d'Alberobello, in Puglia, sono case circolari con il tetto a forma di cono.*

● Immagina di essere un rappresentante dell'Unione europea che visita le regioni della Calabria e della Puglia. In che settori esistono possibilità d'investimento?

# La Basilicata

La Basilicata, una regione piuttosto piccola, è bagnata da due mari, il Mar Tirreno e il Mar Ionio. È una delle regioni più povere e arretrate dell'Italia meridionale. Solo l'8 per cento del territorio è pianeggiante e coltivabile. Un tempo la Basilicata era ricca di boschi, ma i continui diboscamenti l'hanno resa brulla.

Il capoluogo è Potenza. Al tempo dei Romani la città è una tappa sulla Via Appia, una strada che collega Roma e il porto di Brindisi.

La popolazione supera di poco i 600.000 abitanti, anche a causa della forte emigrazione. Il 23 per cento della popolazione lavora nell'agricoltura, con sistemi arretrati, mentre il 26 per cento è occupato nell'industria tessile e dell'abbigliamento.

Con il nome di Sassi si indica un quartiere della città di Matera. Qui le case sono scavate nel tufo, una pietra morbida. Soltanto alcune case sono ancora abitate e il quartiere è in via di restauro.

*I Sassi di Matera*

# Le grandi isole

## Al di là dello Stretto

L'isola di Sicilia è separata dalla penisola dallo Stretto di Messina, largo due chilometri e mezzo, e collegata con la Calabria per mezzo di traghetti. Con i suoi 25.706 chilometri quadrati la Sicilia è la maggiore isola del Mediterraneo e la più vasta regione italiana.

La Sicilia è stata occupata nei secoli da popoli diversi che hanno lasciato numerose tracce: i templi degli antichi Greci, i ponti e gli acquedotti dei Romani, le chiese degli Arabi, i castelli e i palazzi degli Spagnoli. I turisti visitano questi posti di interesse culturale e i luoghi di villeggiatura al mare: Cefalù, Mondello, Acitrezza, Acireale e Tindari.

Le province di Messina, Siracusa e Catania hanno un'agricoltura moderna che produce arance, limoni e mandorle, una buona presenza di industrie e di attività commerciali e un discreto reddito pro capite.

*Palermo è il capoluogo della Sicilia.*

*Il Duomo di Santa Maria di Monreale, una cittadina a sette chilometri a sud ovest di Palermo, è un insieme di elementi di arte araba, bizantina e occidentale. L'interno della chiesa è ricoperto da 6.500 metri quadrati di splendidi mosaici, eseguiti da maestri chiamati direttamente da Bisanzio.*

*Luigi Pirandello (Agrigento 1867-1936) è autore di poesie, saggi, romanzi e novelle, ma è soprattutto drammaturgo. I temi nella sua opera teatrale sono la solitudine dell'uomo, l'assurdità del mondo moderno e il contrasto fra le proprie illusioni e la realtà. In Sei personaggi in cerca d'autore sei personaggi nati dalla fantasia di un autore, che non ha voluto farli vivere in un'opera d'arte, si sentono prigionieri e vorrebbero dare espressione alla loro condizione, ma non ci riescono.*

● Fai una ricerca sulla storia della Sicilia. Trova esempi di edifici costruiti:
  - dai Greci.
  - dai Romani.
  - dagli Arabi.
  - degli Spagnoli.

● Che tipo di costruzione è?

● Qual è il nome dell'edificio?

● Quando è stato costruito?

# Un'isola...isolata

La Sardegna, nel punto più vicino all'Italia, dista 180 chilometri. Per molti secoli quest'isola è vissuta in condizioni di isolamento e ha sviluppato una sua civiltà unica e originale, non facendosi influenzare dalle diverse popolazioni che l'hanno invasa dopo i Romani. Ne è un esempio la lingua sarda, molto vicina al latino.

Affascinanti sono anche i nuraghi, delle costruzioni in pietra che hanno la forma di una torre rotonda. Risalgono all'anno 3000 avanti Cristo, ma non si conosce con esattezza l'uso di queste costruzioni; si pensa che avessero una funzione difensiva.

Pur vivendo su un'isola, i sardi non sono mai stati né marinai né pescatori, ma hanno vissuto di allevamento e agricoltura sulle montagne dell'interno, o hanno lavorato nelle miniere. La fonte maggiore di reddito dell'isola è oggi il turismo, molto sviluppato sulla costa. Ne è un esempio la Costa Smeralda. Inoltre, lo Stato ha installato industrie petrolchimiche, chimiche e metallurgiche.

*Se da un lato il turismo e l'industria hanno portato benessere, dall'altro hanno trasformato il modo di vivere tradizionale della popolazione, e il ricco folclore sardo è quasi sparito dalla vita quotidiana. La Sagra di Sant'Efisio si svolge a Cagliari il 1º maggio.*

*I nuraghi rimasti sono circa 7.000.*

# Isole minori

Il Mar Tirreno, a ovest dell'Italia, è il più ricco di arcipelaghi e isole. Davanti alle coste della Toscana c'è l'Arcipelago Toscano, con l'isola d'Elba. Con una superficie di 244 chilometri quadrati l'Elba è la terza isola italiana dopo la Sicilia e la Sardegna.

Davanti al Lazio si trovano le isole Ponziane, e davanti alla Campania si trova l'Arcipelago Campano.

A nord della Sicilia c'è l'Arcipelago delle Eolie e a sud le isole di Pantelleria e di Lampedusa. Nel Mar Adriatico, a sud ovest della penisola, davanti alla Puglia, c'è l'Arcipelago delle Tremiti.

◆ Giuseppe Garibaldi muore su un'isola italiana. Quale? (Vedi pagina 16.).

● Dove si trova l'isola? Cercala sulla carta dell'Italia.

*L'isola d'Elba è piuttosto montuosa, ricoperta di boschi di pini marittimi e con le coste ricche di golfi. Ha ospitato per dieci mesi l'imperatore francese, Napoleone, in esilio, nel 1813.*

# Curiosiamo in edicola!

## A Quante pubblicazioni!

Giornali e riviste vengono pubblicati con frequenza diversa. Collega ogni tipo di pubblicazione con il significato corrispondente.

*Esempio*

1 Bimestrale    *ogni due mesi*

2 Quotidiano _____

3 Settimanale _____

4 Bisettimanale _____

5 Quindicinale _____

6 Mensile _____

7 Trimestrale _____

8 Annuale _____

A Ogni due settimane

B Due volte al mese

C Una volta al mese

D Ogni giorno

E Ogni tre mesi

F Ogni due mesi

G Una volta alla settimana

H Una volta all'anno

## B Titoli di prima pagina

Una delle caratteristiche dei titoli di articoli giornalistici è la mancanza del verbo. Prova a riscrivere i titoli che seguono, aggiungendo il verbo appropriato. Scegli fra questi elencati.

| scoprire | dare | arrivare | diventare |
|---|---|---|---|
| esserci | essere | dover restare | |

## Caldo, sempre peggio

1 _____

_____

### Sei morti in montagna
*Drammatico week-end per gli scalatori*

2 _____

_____

### Allarme ozono: *a casa gli anziani*

3 _____

_____

## Occupazione, segnali positivi

4 _____

_____

## Mille miliardi alla RAI

5 _____

_____

### UN TESORO IN UNA CASA-MUSEO

6 _____

_____

# 🔊 C A proposito di quotidiani...

Ascolta queste tre persone che parlano della stampa quotidiana.
Indica se le seguenti affermazioni sono vere o false.

| Affermazioni | Vero | Falso |
|---|---|---|
| 1 La prima persona ritiene inutile leggere i giornali. | _____ | _____ |
| 2 Tutti e tre gli intervistati considerano importante sapere quello che succede nel mondo. | _____ | _____ |
| 3 La seconda persona è la più entusiasta della lettura dei giornali. | _____ | _____ |
| 4 La seconda persona dice che tutti i giornali sono validi. | _____ | _____ |
| 5 La terza persona è piuttosto scettica sul tipo di informazione che viene data dai giornali. | _____ | _____ |

# D Cosa pensi dei quotidiani?

Scrivi un paragrafo in cui esprimi la tua opinione
sulla stampa quotidiana.
- Leggi il quotidiano ogni giorno?
- Quali quotidiani leggi?
- Leggi qualche quotidiano straniero?
- Preferisci apprendere le notizie dai giornali
  o dalla radio e/o dalla televisione? Perché?

# E Intervista

Fai adesso le stesse domande ai compagni di classe e compila la tabella.
Scrivi, poi, un breve testo, utilizzando i risultati dell'intervista.

| Nome | | | | |
|---|---|---|---|---|
| Leggi il quotidiano ogni giorno? | | | | |
| Quale quotidiano leggi? | | | | |
| Leggi qualche quotidiano straniero? | | | | |
| Preferisci il giornale o la televisione? | | | | |
| Perché? | | | | |

# In vacanza!

  **A** ## Dove andate?

Alberto, Giovanna, Mario ed Elena ci parlano della vacanza che vorrebbero fare. Ascolta quello che dicono e, per ognuno, indica dove vorrebbe andare e perché.

1  Elena vorrebbe andare in vacanza _____

    perché _____

2  Alberto preferisce andare _____

    perché _____

3  Giovanna vorrebbe andare _____

    perché _____

4  Mario andrebbe volentieri _____

    perché _____

    _____

SARDEGNA PITTORESCA
VIAGGI SOGGIORNO IN SARDEGNA
VIAGGI SOGGIORNO IN SICILIA
ISOLE EOLIE
VIAGGI SOGGIORNO IN CALABRIA
IL GARGANO E LE ISOLE TREMITI
PUGLIA D'INCANTO
TUTTA NAPOLI
COSTA AMALFITANA
PASSEGGIATA ROMANA
UMBRIA ROMANTICA
SPLENDIDO ABRUZZO
MAGNIFICA TOSCANA
TOSCANA E ISOLA D'ELBA
LA VALLE D'AOSTA
TOUR DELLE DOLOMITI

**B** ## E la tua vacanza ideale?

Intervista i compagni di classe e compila la tabella.

| Nome | Dove vorresti andare? | Perché? |
|---|---|---|
|  |  |  |
|  |  |  |
|  |  |  |
|  |  |  |

# C In aeroporto

**1** Nell'aeroporto di Linate (Milano) vedi i seguenti simboli. Per ognuno scrivi cosa significa. Scegli fra le seguenti descrizioni.

| | |
|---|---|
| Servizio taxi | Pronto soccorso |
| Farmacia | Banca e cambio |
| Ufficio informazioni | Oggetti smarriti |
| Centro spese | Autonoleggio |
| Giornali, francobolli e tabacchi | Deposito bagagli |
| Caffè e ristorante | Sala d'attesa |

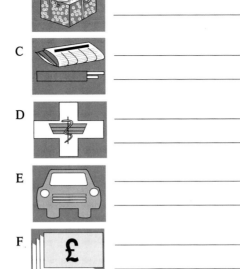

B _____

C _____

D _____

E _____

F _____

A  _____
_____

**2** Scegli quattro simboli e spiega che cosa si può fare in quel posto.

*Esempio*
Servizio taxi:
Si può prendere un taxi.

A _____
_____

B _____
_____

C _____
_____

D _____
_____

# D Un ponte in barca a vela!

Sei un appassionato di barca a vela e stai pensando a una breve vacanza. Lavora con un compagno (membro dell'organizzazione I Venturieri) e chiedigli tutte le informazioni che ti possono essere utili per organizzare un ponte festivo. Per esempio puoi chiedere:

**1** Dove vanno.

**2** Se è possibile imbarcarsi il sabato.

**3** Se le mini-crociere vengono organizzate anche in inverno.

**4** Quanto costa un giorno in più oltre al fine settimana.

**5** Se bisogna iscriversi all'associazione prima di partecipare ad una crociera.

## Invito alla vela

### Week-end e brevi crociere

Durante tutto l'anno I Venturieri organizzano uscite in mare nei week-end o brevi crociere in corrispondenza dei ponti festivi.

Le aree di navigazione sono:
- la Laguna di Venezia con base a Chioggia.
- la Laguna di Marano o l'Istria con base a S. Giorgio di Nogaro.
- la Costa Azzurra con base a Imperia.

Quota di partecipazione individuale: L. 160.000*
Periodi: tutti i week-end (minimo 2 persone)
Imbarco: il venerdì sera o il sabato mattina presto
Sbarco: la domenica sera
Costo supplementare giornaliero: L. 75.000 (periodi da concordare)

*La quota di partecipazione è comprensiva di quota di iscrizione temporanea all'Associazione I Venturieri (L.10.000) scontabile dalla quota annuale nel caso ci si iscriva ad altre attività.

# In famiglia

## A Ecco la mia famiglia!

Una rivista per giovani pubblica un inserto sui giovani e la famiglia. Leggi la lettera di Marina, una giovane lettrice, e rispondi alle domande.

1 Chi è Marina? _____
_____

2 Dove vive? _____
_____

3 Quanti sono in famiglia? _____
_____

4 Qual è il vantaggio di essere figli unici, secondo Marina? _____
_____

5 Qual è, invece, lo svantaggio? _____
_____

> Caro Editore
>
> Mi chiamo Marina, ho 17 anni e vivo a Falconara, una cittadina sulla costa adriatica, in provincia di Ancona. Abito con i miei genitori. La mia famiglia è composta da tre persone: mia madre, mio padre e io. Come avrà capito, sono figlia unica. Essere figli unici ha dei vantaggi ma anche degli svantaggi .
> Il vantaggio principale, secondo me, è che puoi avere un rapporto esclusivo, privilegiato con i tuoi genitori, però, a volte, avverti il bisogno di qualcuno della tua età con cui parlare o confidarti. Ci sono gli amici, è vero, ma è diverso!
> Insomma, a me piacerebbe avere un fratello o una sorella.
>
> Marina

## B Rapporti genitori-figli

Ascolta l'intervista a Gabriella, Andrea e Cristina, tre ragazzi che parlano dei rapporti con le loro famiglie. Indica se le seguenti affermazioni sono vere o false.

|  | Vero | Falso |
|---|---|---|
| **1 Gabriella...** | | |
| A passa molto tempo in famiglia. | _____ | _____ |
| B ha un ottimo rapporto con entrambi i genitori. | _____ | _____ |
| C comunica di più con suo padre. | _____ | _____ |
| **2 Andrea...** | | |
| A da bambino è stato poco curato dai genitori. | _____ | _____ |
| B a un certo punto è andato via di casa. | _____ | _____ |
| C col passare del tempo, i genitori sono diventati i suoi migliori amici. | _____ | _____ |
| **3 Cristina...** | | |
| A stima molto i genitori. | _____ | _____ |
| B si confida con loro. | _____ | _____ |
| C preferisce gli amici al fratello. | _____ | _____ |

# C Organizziamo una festa!

Tuo fratello/tua sorella sta per laurearsi.
Decidete di festeggiare l'avvenimento in famiglia.
Devi organizzare la festa e scrivere l'invito per
parenti e amici.

*Esempio:*

### Siete invitati
a partecipare alla festa di laurea
di Gina che si svolgerà giovedì
19 ottobre, a casa nostra.
### Non mancate!

Inviti

Vuoi venire a festeggiare il
"genio" di famiglia?
Ti aspettiamo, giovedì
19 ottobre alle ore 18,30
a casa nostra!

# D Nel futuro

1 Inchiesta fra famiglie italiane. Questi sono
i desideri che alcune famiglie italiane
vorrebbero vedere realizzati. Leggi l'elenco.
Qual è il più importante per te? Numerali in
ordine di preferenza, poi discutili con un
compagno.

Che cosa vorrebbe vedere realizzata la
famiglia italiana?

Più lavoro per i giovani.
Un Parlamento più serio e meno rissoso.
Maggiore riciclaggio dei rifiuti: sono troppi.
Ospedali meno caotici e con più letti.
Lotta più dura contro i trafficanti di droga.

| 1 | |
|---|---|
| 2 | |
| 3 | |
| 4 | |
| 5 | |

# A scuola!

## A Orario delle lezioni

Giacomo ha 18 anni e frequenta l'ultimo anno del liceo scientifico. Leggi il suo orario settimanale di lezioni e rispondi alle domande, al posto suo.

| | Lunedì | Martedì | Mercoledì | Giovedì | Venerdì | Sabato |
|---|---|---|---|---|---|---|
| 8.15-9.15 | Italiano | Disegno | Italiano | Inglese | Storia | Matemat. |
| 9.15-10-15 | Italiano | Ed. Fisica | Matemat. | Inglese | Filosofia | Fisica |
| 10.15-11.10 | Latino | Matemat. | Latino | Italiano | Italiano | St. Arte |
| 11.10-11.20 | INTERVALLO | | | | | |
| 11.20-12.20 | Religione | Italiano | Geog. Astr. | Storia | Italiano | Matemat. |
| 12.20-13.20 | Fisica | Inglese | Filosofia | Italiano | Geog. Astr. | Ed. Fisica |

Ed. Fisica = Educazione Fisica
Geog. Astr. = Geografia Astronomica
St. Arte = Storia dell'Arte

**1** Quante materie studi?

**3** Oltre alla Matematica, quali altre materie scientifiche studi?

**2** Quale lingua straniera studi?

**4** Hai scuola al sabato?

1 _____

2 _____

3 _____

4 _____

## B Il mio orario

Confronta l'orario scolastico di Giacomo con il tuo e rispondi alle domande.

**1** Hai più o meno ore di lezione al giorno?

_____

_____

**2** Studi le stesse materie? Annota le differenze.

_____

_____

**3** Vai a scuola gli stessi giorni della settimana?

_____

_____

**4** Fai più ore di sport di Giacomo?

_____

_____

## C Università o lavoro?

Ascolta Mario, Annamaria e Paola che parlano dei loro progetti e delle loro scelte dopo la scuola secondaria. Rispondi alle domande.

1 Che tipo di diploma ha conseguito Mario?

_____

_____

2 Qual è il suo più grande desiderio?

_____

_____

3 In quale caso si iscriverebbe all'università?

_____

_____

4 Che cosa preoccupa Annamaria nella ricerca del lavoro?

_____

_____

5 Cosa fa, intanto, Annamaria per guadagnarsi da vivere?

_____

_____

6 Perché Paola si è iscritta all'università?

_____

_____

7 Che tipo di professione Paola spera di poter esercitare?

_____

_____

## D La scuola "maestra di vita"?

Lavora con un compagno. Leggete le seguenti opinioni sulla scuola. Dite con quali siete d'accordo e perché.

1 «La scuola dà delle conoscenze che aiutano nella vita.»

2 «La scuola è solo una perdita di tempo.»

3 «La scuola forma la persona.»

4 «Più che la scuola insegna l'esperienza.»

5 «La scuola è importante solo per socializzare.»

6 «La scuola di un tempo era valida, oggi non più.»

7 «Studiare aiuta a trovare un buon lavoro.»

8 «La scuola è troppo "separata" dalla vita reale.»

# Il lavoro

## A In cerca di lavoro

Leggi le offerte di lavoro e le informazioni sulle persone che cercano lavoro. Chi riuscirà a trovare lavoro?

**1** CERCASI cameriere qualificato presso ristorante a Venezia. 041-2558322.

**2** STUDIO traduzioni cerca traduttori madrelingua inglese per collaborazioni, esperienza, professionalità, muniti di fax/modem.

**3** SALONE parrucchiera cerca lavorante capace, in Mestre. Tel. ore pasti.

**4** AZIENDA di impianti elettrici a livello nazionale assume operai elettricisti. Ottima paga e tredicesima. Telefonare solo se interessati.

**5** GIOVANI addetti ricezione, buona conoscenza tedesco-inglese per lavoro stagionale campeggio Cavallino VE Residenti zona cercasi.

**6** CERCASI collaboratrice domestica, a pieno tempo. Vitto alloggio. Compenso adeguato. Telefonare ore pasti.

Io sono Mario. Ho 20 anni e ho appena conseguito il diploma di elettricista. Cerco un lavoro nel mio settore.

Mi chiamo Marco. Ho 22 anni. Sono studente universitario al terzo anno di Lingue straniere. Studio inglese, tedesco e francese. Mi piacerebbe lavorare nel periodo estivo ed esercitarmi nelle lingue.

Il mio nome è Giuseppe. Ho il diploma di scuola alberghiera. Ho lavorato saltuariamente in alberghi e ristoranti, ma, al momento, sono disoccupato.

Mi chiamo Annalisa. Ho 28 anni, sono sposata e ho un bambino di quattro anni. Ho sempre fatto la casalinga, ora però vorrei arrotondare lo stipendio di mio marito con un lavoro di tre, quattro ore al giorno.

## B Il titolo misterioso!

Per ogni definizione, scrivi nello schema il lavoro corrispondente. Nella colonna evidenziata risulterà il titolo di un romanzo di Cesare Pavese.

1 Guida gli aerei.
2 Ripara scarpe.
3 Difende un accusato.
4 Lavora in un negozio.
5 Cura gli animali.
6 Cura il giardino.
7 Progetta le case.
8 Lavora nella scuola.
9 Guida l'automobile.
10 Va nello spazio.
11 Ripara le macchine.
12 Progetta case e ponti.
13 Prepara i cibi.
14 Scrive per un giornale.

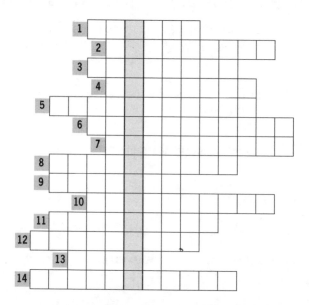

## C Esiste un lavoro ideale?

Ascolta il seguente programma radiofonico. Un giornalista intervista alcune persone sul lavoro che fanno e su come ognuno di loro lo vive. Completa la tabella.

| Nome | | | |
|---|---|---|---|
| Tipo di lavoro | | | |
| Aspetti positivi | | | |
| Aspetti negativi | | | |

## D Descrivere un lavoro

Per ogni lavoro scegli almeno due caratteristiche appropriate e forma delle frasi.

*Esempio*
Il lavoro del giardiniere è manuale e si svolge all'aria aperta.

1 Giardiniere _____

2 Calciatore _____

3 Grafico pubblicitario _____

4 Impiegato di banca _____

5 Commesso _____

6 Assistente di volo _____

È utile agli altri
È creativo
Permette di viaggiare
È a contatto con la gente
È autonomo
È ben pagato
È sedentario
Si svolge all'aria aperta
Ha un orario flessibile
È manuale

## E Il lavoro ideale

Pensa a un lavoro che ti piacerebbe fare e spiega il perché.

*Esempio*

Mi piacerebbe fare il giornalista perché amo scrivere e mi interessa quello che succede nel mondo. È un lavoro che permette di viaggiare e di essere a contatto con la gente. È, perciò, un lavoro dinamico e non abitudinario e, quindi, va bene per me perché non amo lavori monotoni e ripetitivi.

# Le feste

 ## A Un invito a nozze

Ascolta questa conversazione in famiglia, a proposito di un invito a nozze. Riempi gli spazi nell'invito con le informazioni mancanti.

---

*Sposi*

*Annarita Pannetta*

*Luigi De Biase*

*Siamo felici di annunciarvi*

*il nostro* _____

*che avrà luogo sabato,* _____ ,

*alle ore* _____ ,

*nella Chiesa di* _____ .

*Seguirà un rinfresco*

*presso* _____ *(Ostia)*

*dove saluteremo parenti ed amici.*

*Non mancate!*

---

## B Feste religiose e civili

Leggi l'elenco delle principali festività nazionali che si celebrano in Italia. Per ognuna, indica, con una «R» o «C», se si tratta di una festa religiosa o civile.

| Feste | R | C |
|---|---|---|
| Natale, 25 dicembre | | |
| Capodanno, 1° gennaio | | |
| Epifania, 6 gennaio | | |
| Pasqua, marzo/aprile | | |
| Festa del Lavoro, 1° maggio | | |
| Ferragosto, 15 agosto | | |
| Ognissanti, 1° novembre | | |
| Immacolata, 8 dicembre | | |

# C Ricordi di festa!

Monica e Carlo ricordano alcune feste quando erano bambini.
Completa la conversazione con i verbi appropriati all'imperfetto.
I verbi li trovi qui di seguito, all'infinito.

**MONICA**

**CARLO**

essere (x 3)
amare
regalare
non piacere
durare
diminuire
trovare
mettere

Ricordi che bello il Natale

quando _____ bambini?

Ah, sì...io andavo matto per il carbone

dolce, mentre _____ il
panettone per l'uvetta e i canditi.

A me, invece, è sempre piaciuto molto il
panettone; la mia festa preferita,

però _____ la Pasqua

per la sorpresa che _____
nell'uovo di Pasqua.

Io _____ in modo
particolare maggio e settembre per la sagra
delle ciliegie e la sagra dell'uva.

Le ciliegie, soprattutto, _____

la mia frutta preferita, mi _____
allegria.

Eh, sì! Io ricordo il profumo intenso delle arance e

dei mandarini che mio zio ci _____

ogni anno a Natale! Ne appendevamo un po'

all'albero, ma non _____ molto.

Quasi per "magia", ogni giorno _____ !

# D Carnevale...ogni scherzo vale!

1 Siamo agli inizi di febbraio e sta per arrivare
il Carnevale, la festa più "pazza" dell'anno!
Ascolta questo gruppo di ragazzi che si sta
organizzando per l'occasione. Per ognuno,
scrivi ciò che vorrebbe fare.

A Mario _____

B Elena _____
_____

C Francesco _____
_____

D Giovanna _____

E Quale proposta preferisci? Perché? _____
_____

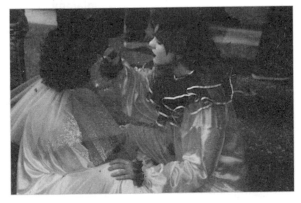

2 Osserva attentamente questa foto del
Carnevale di Venezia e prova a descriverla.
Come sono vestite le persone? Cosa stanno
facendo?

3 E nel tuo paese si festeggia il Carnevale? Se sì,
racconta quello che fai, come ti vesti e ciò che
mangi.

# Buon appetito!

  **A** Ordiniamo una pizza!

Ascolta la seguente conversazione telefonica. Il signore Zanetti ordina delle pizze alla Pizzeria S. Agostino. Scrivi il tipo di pizze che ordina e l'indirizzo al quale deve essere consegnato il tutto.

**PIZZA AL TAGLIO S.Agostino**

**PIZZA TONDA**

LE CONSEGNE SI EFFETTUANO DALLE 19 ALLE 21

SI CONSEGNANO ESCLUSIVAMENTE PIZZE TONDE DAL LUNEDI AL SABATO VIA S. AGOSTINO 71 (TV)

| Tipo di pizza | | Quantità | |
|---|---|---|---|
| | | | |
| | | | |
| | | | |
| Nome - Cognome | | | |
| Indirizzo | | | |
| Telefono | | | |

**B** In pizzeria

Lavora con un compagno: uno è il cameriere e l'altro, il cliente. Sei nella pizzeria S. Agostino. Leggi il menù, chiedi un tavolo e ordina per:

**A** te solo/a
**B** per due
**C** per quattro

Puoi incominciare così:

- *Avete un tavolo per...*
- *C'è posto per...*
- *Siamo in...e vorremmo mangiare un pizza.*

Immagina di non conoscere gli ingredienti e chiedi al cameriere com'è fatta la pizza. Non dimenticare di chiedere il conto!

## PIZZE...................

**Margherita** pomodoro, mozzarella
£. 6.500

**Napoletana** pomodoro, mozzarella, acciughe
£. 6.500

**Cipolle** pomodoro, mozzarella, cipolle
£. 7.000

**Pomodoro fresco** pomodoro, mozzarella, pomodoro fresco, prezzemolo
£. 8.500

**Funghi** pomodoro, mozzarella, funghi
£. 8.000

**Melanzane** pomodoro, mozzarella, melanzane
£. 8.000

**Peperoni** pomodoro, mozzarella, peperoni
£. 8.000

**Diavola** pomodoro, mozzarella, salame piccante
£. 8.500

**Prosciutto** pomodoro, mozzarella, prosciutto cotto
£. 8.00

**Siciliana** pomodoro, mozzarella, olive, capperi, acciughe
£. 7.500

**Tonno** pomodoro, mozzarella, tonno
£. 8.000

**4 stagioni** pomodoro, mozzarella, prosciutto, funghi, carciofi,
£. 9.000

**Capricciosa** pomodoro, mozzarella, funghi, carciofi
£. 8.500

**Ortolana** pomodoro, mozzarella, melanzane, peperoni, pomodoro fresco, prezzemolo
£. 9.000

**4 formaggi** pomodoro, mozzarella, gorgonzola, emmental, taleggio
£. 9.000

## BIBITE..................

Acqua minerale
Bevande analcoliche
Birre
Vino bianco
Vino rosso

# C Quale menù preferisci?

Quale menù consigli a:

1 qualcuno che preferisce piatti a base di riso e pesce?

Consiglio _____ perché

_____

2 qualcuno che è appassionato della pasta fatta in casa?

Consiglio _____ perché

_____

3 qualcuno che, in viaggio in Italia, vuole provare una specialità regionale come la polenta?

Consiglio _____ perché

_____

4 E a te, quale menù piacerebbe? Perché?

_____

_____

**Menu A**

Buffet di antipasti
Pasta fatta in casa ai genuini
sughi di campagna
Carne o pesce e funghi alla brace
Dolci della casa

**Menu B**

*Risotto di mare o
Spaghetti alle vongole
Filetti di trota salmonata
Panna cotta ai
frutti di bosco*

**Menu C**

*Antipasto di polenta e soppressa
Risottino di stagione
Agnello alla brace
Insalata primavera
Bavarese alle more con salsa all'arancia*

# D Vuoi provare?

1 Ascolta, dal programma radiofonico *Mangiar sano!*, la seguente ricetta di pasta con zucchine e fiori di zucchine e completa l'elenco degli ingredienti.

*Pasta con zucchine e fiori di zucchine*

*Ingredienti*

400 gr. di _____ corta,

25/30 fiori di _____ ,

300 gr. di zucchine, _____ di oliva,

_____ : 1/2 o 1 intera, secondo i gusti,

aglio: uno spicchio, 1 bicchiere di vino _____

sale (quanto basta), 1 bicchiere di acqua,

peperoncino, _____ o,

se si preferisce, pecorino grattugiato.

2 Metti le seguenti fasi di esecuzione nell'ordine in cui vengono date nella ricetta, numerandole.

☐ Scolare la pasta al dente.

☐ Far soffriggere nell'olio la cipolla.

☐ Aggiungere le zucchine

☐ Trasferire la pasta in un piatto di portata.

☐ Aggiustare di sale.

☐ Preparare i fiori di zucchine.

☐ Far imbiondire uno spicchio di aglio.

☐ Nel frattempo cuocere la pasta.

☐ Cospargere la pasta con i fiori di zucchina saltati.

☐ Lavare i fiori di zucchine e lasciarli asciugare.

# Facciamo un po' di sport!

## 🔊 A Lo sport in breve

Ascolta queste notizie sportive e trova lo sport di cui si parla.

1 La prima cronista parla del/dell'/della/ _____

2 Il primo cronista _____

3 La prima cronista _____

Nuoto

Calcio

Ginnastica

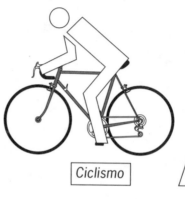

Ciclismo

Pallacanestro

## 🔊 B Cosa fai per tenerti in forma?

1 Tre amici, Maria Grazia, Mario e Annalisa, s'incontrano dopo molto tempo. Ascolta quello che dicono di se stessi e del loro stile di vita. Per ognuno, compila la tabella.

2 E tu, cosa fai per tenerti in forma? Lavora con un compagno di classe. Chiedigli cosa fa per tenersi in forma e rispondigli, a tua volta.

| Nome | | | |
|---|---|---|---|
| Cosa fa per tenersi in forma? | | | |
| Abitudini positive | | | |
| Abitudini negative | | | |

## C Che consiglio daresti?

Che consiglio daresti a Maria Grazia, Annalisa e
Mario per sentirsi più in forma?

1 Maria Grazia dovrebbe _____

_____

_____

2 Annalisa _____

_____

_____

3 Mario _____

_____

_____

_____

## D Andiamo in palestra!

Hai saputo che nella zona in cui vivi, si è aperta una palestra.
Decidi di prendere delle informazioni. Completa la
conversazione telefonica con la segretaria. Tu sei il cliente.

**1 Segretaria**

Buongiorno! Palestra 2000, in cosa posso
esserLe utile?

**Cliente**

(Devi chiedere quali attività si possono
praticare.)

**2 Segretaria**

Sì, certo! Dunque..........ci sono diverse
attività: aerobica, tennis, nuoto, semplice
ginnastica di mantenimento, yoga, arti
marziali. In più pratichiamo massaggi,
aromaterapia e offriamo anche sauna e
bagni turchi.

**Cliente**

(Vuoi conoscere orari e costi dei corsi
di yoga e il prezzo dei massaggi.)

**3 Segretaria**

Per quanto riguarda i costi....per usare la
palestra si paga una tessera di iscrizione
annua di L. 50.000. Un corso di yoga di tre
mesi costa 150.000 lire ed un massaggio
completo, con uso di oli essenziali, viene a
costare 80.000 lire.

**Cliente**

(Chiedi di mandarti un volantino con
tutte le informazioni utili.)

**4 Segretaria**

Senz'altro, se mi dà il suo indirizzo e il
numero di telefono Le spedisco tutto!

**Cliente**

(Dai indirizzo, numero di
telefono..............poi ringrazia e saluta.)

# I passatempi

## A Qual è il tuo passatempo preferito?

Di solito, nel tempo libero si fa quello che più piace, in accordo con i propri gusti e la propria personalità. Collega ognuna delle attività con il tipo di persona che ti sembra meglio corrisponderle.

**Attività**

1 Praticare sport ☐

2 Dipingere, suonare uno strumento musicale ☐

3 Leggere, ascoltare musica ☐

4 Andare a cinema, teatro, concerti ☐

5 Incontrare gli amici ☐

6 Fare passeggiate ed escursioni in campagna ☐

7 Stare in casa e guardare la televisione ☐

**Che tipo é?**

A colto, raffinato
B dinamico, sportivo
C intellettuale
D creativo
E ecologista, amante della natura
F socievole, di compagnia
G tranquillo, casalingo

## B Una serata in casa

### RAI UNO

| | |
|---|---|
| 19.35 | CHE TEMPO FA |
| 20.30 | TG1 - SPORT |
| 20.40 | ZULU - Film (1964) Regia di Cy Endfield. Con Stanley Baker, Michael Caine, Jack Hawkins. |
| 23.05 | AI CONFINI DELL'ALDILA' Telefilm. |
| 0.25 | AGENDA ZODIACO CHE TEMPO FA |
| 0.30 | OGGI AL PARLAMENTO |
| 0.40 | VIDEOSAPERE. QUANDO L'ARTE GIUDICA LA STORIA. |

### RAI DUE

| | |
|---|---|
| 20.15 | TGS LO SPORT |
| 20.20 | GO-CART - Conduce Maria Monsè. |
| 20.40 | VITA DA CANI - Condotto da Jocelyn, con la Premiata Ditta. |
| 24.00 | METEO 2 |
| 0.05 | Latina. PUGILATO: PALMIERO-PICCIRILLO. |
| 1.05 | Catania. VELA: 7° GIRO D'ITALIA. 5ª tappa. |
| 1.30 | L'Aja (Olanda). SCHERMA: CAMPIONATO DEL MONDO. Sciabola maschile e femminile. |

### RAI TRE

| | |
|---|---|
| 19.50 | TGS CICLISMO |
| 20.30 | Giallo di sera. SOTTO LA CENERE - (Tv thriller). Regia di Mark Rosner. Con Michael Paré, Mary Mara. |
| 22.00 | SPECIALE CHI L'HA VISTO? |
| 22.55 | IN COMPAGNIA DEI LUPI - Film (1984). Regia di Neil Jordan. Con Angela Lansbury, Sarah Patterson, David Werner. |
| 0.35 | Edicola 3 - Notte Cultura - Meteo 3 |
| 1.00 | Fuori orario - Cose (mai) viste presenta ALL'INFERNO E RITORNO con il film IL BANDITO (1946) di Alberto Lattuada con Amedeo Nazzari, Anna Magnani, Carla Del Poggio. |

Scegli un programma adatto per:

1 un appassionato di "gialli".

_____

_____

2 una persona interessata all'attualità politica.

_____

_____

3 un intellettuale, interessato alle novità culturali.

_____

_____

4 un appassionato di sport che vuole registrare su video, perché deve fare i compiti stasera!

_____

_____

**C Organizziamo la serata!**

Ascolta la seguente conversazione fra un gruppo di ragazzi. Per ognuno di loro, scrivi una frase su ciò che vorrebbe fare.

*Esempio*
Paolo vorrebbe andare al cinema.

1 Tiziana _____

2 Federica _____
_____

3 Gianni _____
_____

4 Andrea _____
_____

# **D Cosa si fa stasera?**

Lavorate in gruppo di tre o quattro persone. È un martedì pomeriggio e dovete organizzare la serata fuori. Ognuno sceglie fra:

a andare al ristorante

b andare al cinema

c andare ad ascoltare musica
e fa le sue proposte.

Usate le seguenti espressioni:

- *Si potrebbe andare prima a...e dopo a...*
- *Perché non si va a/da...*
- *Io proporrei...*
- *Vi andrebbe di...*
- *Avrei voglia di...*
- *A me piacerebbe...*

## Dopocena

**PIAZZA DUOMO** «Duomo Music Café» per «Milano a cielo aperto» da Motta. Questa sera, alle 21 Tiziano Cavaliere «Senza fili».

**OSTERIA DEL TUBETTO** - Alzaia Naviglio Pavese 286 - 8437843. Chiuso martedì. Alle 21 Foggy City Dixieland.

**DA JANNACCI - IL BOLGIA UMANA** via Santa Maria Segreta 7/9 - 877230. Ristorante dalle 21 alle 3, musica dal vivo alle 22.30. Lunedì riposo. Ingresso 20/15 mila. Questa sera Paolo Tomelleri all stars.

**ZELIG** - viale Monza 140 2551774 - chiuso lunedì. Alle 22.30 (prenotazione obbligatoria, 20 mila compresa consumazione). Fino al 18/9 Aldo, Giovanni, Giacomo e Marina.

**ROCK PLANET** via Vittorio Veneto 32. Alle 22.30 Jo Jo Band 15 mila.

**FRONTE DEL PORTO** - disco bar, piazza Cantore, imbarcadero Darsena - 89405349. Alle 23 gran cabaret con I Fichi d'India.

## Cinema

**ANTEO**
(Centro - via Milazzo 9 - MM 2 Moscova, Tram 29-30-33-11) Tel. 659.77.32. La sala è dotata di un impianto per audiolesi. Prenot. scolastiche 6571093. L. 12.000.

**ARCOBALENO**
(Venezia - viale Tunisia, 11 - MM 1 Porta Venezia, Tram 4-5-11-29-30, Bus 56-65). Tel. 294.06.054. L. 12.000.

**ASTRA**
(Centro - corso V. Emanuele, II - MM1-3 Duomo-San Babila, Bus 50 -54-60-61-65-73). Tel. 76.99.02.29. L. 12.000.

**SALA CHAPLIN**
(Vittoria-Monforte - viale Monte Nero, 84 - Tram 9-23-29-30, Bus 34-37-60-62-73-84). Tel. 59.90.13.61. L. 12.000.

**IL CLIENTE**
Drammatico
Regia di J. Schumacher - Con. S. Sarandon, T. Lee Jones
Ore 15 - 17.30 - 20 - 22.30

**LA VERA VITA DI ANTONIO H.**
Drammatico
Regia di E. Monteleone
- Con A. Haber, G. De Sio
Ore 15 - 16.50 - 18.40 - 20.30 - 22.30

**IL BRANCO**
Drammatico - VM 14
Regia di M. Risi - Con G. Lisarelli, R. Memphis, G. Tarabassi
Ore 15 - 16.50 - 18.40 - 20.30 - 22.30

**ANIME FIAMMEGGIANTI**
Drammatico
Regia di D. Ferrario
Con G. Cederna, E.S. Ricci, A. Haber
Ore 14.30 - 16.30 - 18.30 - 20.30 - 22.30

# **E Cosa ti piace fare nel tempo libero?**

Scrivi un breve paragrafo sui tuoi passatempi preferiti, in relazione alla tua personalità.

*Esempio*
- Mi piace leggere e scrivere poesie perché sono una persona sensibile e amo la cultura.
- Mi piace cucinare perché sono creativo e amo la buona tavola.

# Cosa conosci dell'Italia?

## A Un po' di geografia

Scrivi, negli spazi appositi, il nome dell'elemento geografico corrispondente. A destra trovi delle definizioni che ti possono aiutare.

1 Catena montuosa che separa l'Italia dagli altri Stati d'Europa.
2 Il fiume più lungo d'Italia.
3 Mare che bagna la Liguria.
4 Catena montuosa che forma la "spina dorsale" dell'Italia.
5 Mare che bagna la costa orientale italiana.
6 Promontorio montuoso "in testa" alla Puglia.
7 Il fiume che attraversa Roma.
8 Due isole nel Golfo di Napoli.
9 Stretto che separa la Calabria dalla Sicilia.
10 Vulcano di fronte alla costa settentrionale della Sicilia.

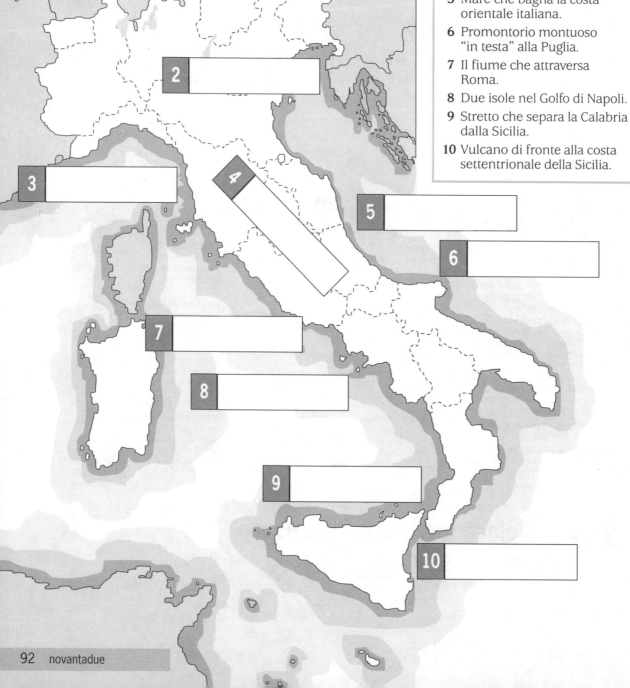

# B Che tempo farà?

Sei un giornalista radio-televisivo e devi annunciare le previsioni del tempo per la giornata. Osserva la cartina e fai una sintesi della situazione, per aree geografiche.

*Esempio*
Oggi: Sulle Alpi si prevede tempo nuvoloso.

1 Sulle regioni settentrionali _____

_____

2 Sugli Appennini _____

_____

3 Sulle zone costiere centro-orientali _____

_____

4 Sulle zone costiere centro-occidentali _____

_____

5 Sulle regioni meridionali _____

_____

6 Sull'Italia insulare _____

_____

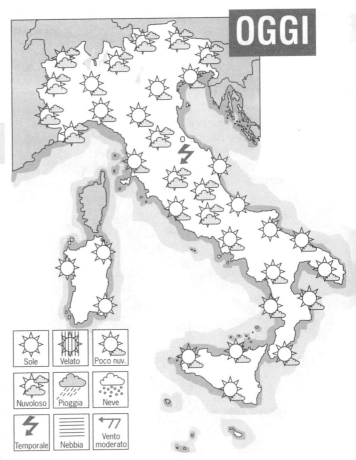

OGGI

| | | |
|---|---|---|
| Sole | Velato | Poco nuv. |
| Nuvoloso | Pioggia | Neve |
| Temporale | Nebbia | Vento moderato |

# C Com'è la tua casa?

1 Ascolta queste persone che parlano della casa in cui vivono. Che tipo di abitazione è?
Per ogni foto, riporta il nome della persona e il tipo di abitazione.

A Si chiama

_____

Vive in

_____

Le piace perché

_____

B _____

_____

_____

_____

C _____

_____

_____

_____

2 E la tua casa ideale? Descrivi la casa in cui ti piacerebbe abitare.

# Facciamo conoscenza!

  **A Di dove sei?**

**1** Ascolta la seguente indagine radiofonica su persone che hanno cambiato la loro città di origine e adesso vivono in un'altra città. Per ogni persona, compreso l'intervistatore Giacomo, devi indicare:

- il nome
- la provenienza (dov'è nato/a)
- dove vive attualmente
- da quanto tempo vive lì.

Ricorda che per ogni regione d'Italia c'è un aggettivo corrispondente.

*Esempio*
- Un abitante della Puglia si chiama pugliese.

- Un umbro è una persona che è nata in Umbria.

| Nome | | | | |
|---|---|---|---|---|
| **Di dov'è?** | | | | |
| **Dove vive?** | | | | |
| **Da quanto tempo?** | | | | |

**2** Per ogni persona che ascolti, scrivi una frase.

*Esempio*
Monica è pugliese ma vive a Treviso da dodici anni.

**A** Giacomo _____  **B** Federica _____  **C** Antonio _____  **D** Monica _____

_____  _____  _____  _____
_____  _____  _____  _____
_____  _____  _____  _____
_____  _____  _____  _____

## 📼 B Vivere a...

Nello stesso programma si chiede un'opinione sulla città in cui queste persone vivono. Ascolta quello che dicono e collega ogni città con due caratteristiche che le vengono attribuite.

c'è molto inquinamento.
è efficiente.
la gente è fredda.
si mangia bene.
è caotica.
è attiva.
ci sono splendidi monumenti.
è cara.

*Esempio*

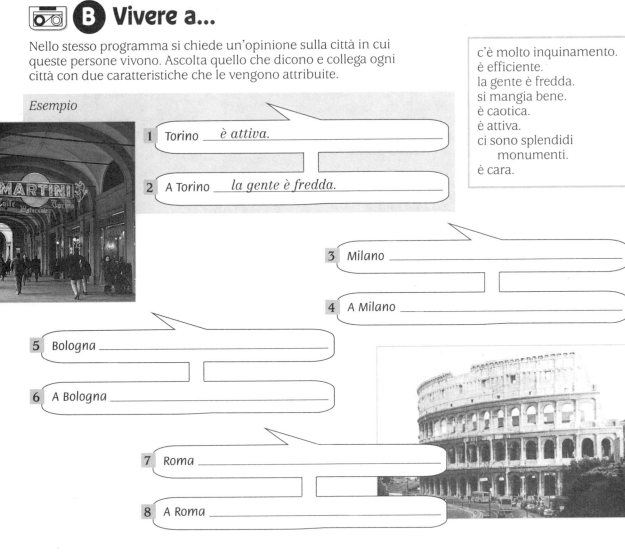

1 Torino _è attiva._

2 A Torino _la gente è fredda._

3 Milano _____

4 A Milano _____

5 Bologna _____

6 A Bologna _____

7 Roma _____

8 A Roma _____

## ⚫ C Com'è la tua città?

1 Lavorate in gruppo di cinque persone. Intervista gli altri e compila la tabella.

2 Qual è la tua opinione sulla città in cui vivi? Fai un elenco degli aspetti positivi e negativi.

| Nome | | | | |
|---|---|---|---|---|
| Com'è la tua città? | | | | |
| Come ti trovi? | | | | |

# In città

## A Prenota una camera in albergo!

**HOTEL**
### Stella ★

Camere con aria
condizionata
TV a colori - telefono.
Ristorante - Sala conferenze
Piscina - Parcheggio

Via Pontina 56 - A dieci minuti da
Roma-EUR

1 Devi organizzare una conferenza a Roma. Leggi i seguenti annunci
pubblicitari di alberghi e scegli quello che ti sembra più adatto alle
tue esigenze. L'albergo deve trovarsi in zona EUR (fuori del centro
storico della città) e deve avere una sala per conferenze.

**Hotel EuroVilla**

### Albergo centralissimo

200 camere doppie o singole. Tutte con servizi
privati, telefono, radio, tv a colori.

*Centro congressi - 16 sale per riunioni da 10 a
500 partecipanti.*

## Hotel Palazzo EUR

**EUR** **Albergo - Ristorante**
Aria condizionata totale
Telefoni in ogni stanza
TV a colori in tutte le camere
Ampio parcheggio interno

Roma - Via Laurentina 23

2 Lavora con un compagno di classe. Tu sei il cliente e il tuo
compagno è l'addetto alla ricezione dell'albergo. Devi prenotare
una camera. Ricorda di indicare:
- il tipo di camera richiesta (singola/doppia)
- i servizi richiesti (doccia/bagno, telefono, posto auto, TV, aria
  condizionata)

Devi inoltre precisare la data di arrivo e di partenza e fornire le tue
generalità (nome, cognome, indirizzo).

## B Cosa significa?

Sei a passeggio per la città di Roma con degli
amici che non conoscono affatto l'italiano.
Ti chiedono di spiegare il significato di alcuni
simboli e scritte che vedono in giro per la città.
Spiega anche cosa si può fare (o non fare) in quel
posto.

*Esempio*
È l'insegna di una farmacia. Qui si possono
comprare dei medicinali.

## 📼 C Scusi, per andare...?

**1** Ascolta queste persone che chiedono indicazioni per raggiungere monumenti e luoghi d'interesse a Genova. Mentre ascolti, segui il percorso sulla pianta e trova qual è il monumento o luogo richiesto. Il punto di partenza lo trovi scorrendo attentamente la legenda.

**A** Dal Municipio (16) a _____

_____

**B** Da via Turati vicino a S. Maria di Castello (9) _____

_____

**C** Da via Gramsci vicino al Palazzo Reale (18)

_____

**2** Lavora con un compagno. Per dare le indicazioni, usa la mappa e la legenda.

**A** Ti trovi alla Stazione Piazza Principe (25). Un turista ti chiede informazioni su come raggiungere la casa di G. Mazzini (13).

**B** Ti trovi al Municipio (16). Un turista ti chiede informazioni su come raggiungere la Porta Soprana (7).

**C** Ti trovi alla Cattedrale (2). Un turista ti chiede informazioni su come raggiungere il parcheggio della piazza Bandiera vicino al Museo del Risorgimento (13).

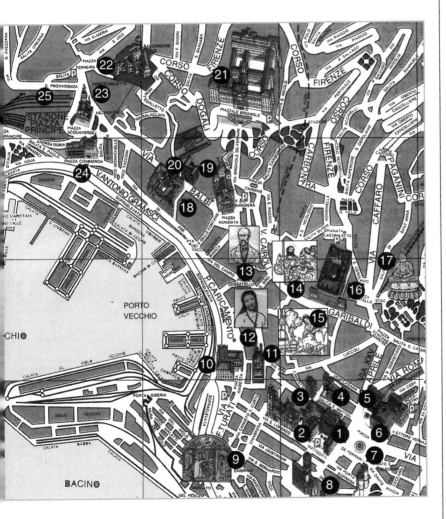

**Legenda**
1 Palazzo Ducale, piazza Matteotti
2 Cattedrale di S. Lorenzo, piazza S. Lorenzo
3 Case dei Doria, piazza S. Matteo
4 S. Matteo, sal. S. Matteo
5 Teatro Comunale dell'Opera "Carlo Felice", via XXV Aprile
6 Accademia di Belle Arti (Pinacoteca), piazza De Ferrari
7 Porta Soprana, piazza Dante
8 S. Donato, str. S. Agostino
9 S. Maria di Castello (Museo), via S. Maria di Castello
10 Palazzo S. Giorgio, via Frate Oliverio
11 S. Pietro di Banchi, piazza Bianchi
12 Palazzo Spinola (Galleria Nazionale), vicolo di Pellicceria
13 Casa di G. Mazzini (Museo del Risorgimento), v. Lomellini
14 Palazzo Bianco (Galleria), via Garibaldi
15 Palazzo Rosso (Galleria), via Garibaldi
16 Palazzo Doria Tursi (Municipio), v. Garibaldi
17 Villetta Dinegro (Museo E. Chiossone), piazzale Mazzini
18 Palazzo Reale, via Balbi
19 SS. Annunziata del Vastato, piazza della Nunziata
20 Università, via Balbi
21 Albergo dei Poveri, piazzale E. Brignole
22 Castello d'Albertis, corso Dogali
23 Monumento a Cristoforo Colombo, piazza Acquaverde
24 S. Giovanni di Prè, piazza della Commenda
25 Stazione Piazza Principe, piazza D. Principe

# Le Regioni

## A Paese che vai...usanze che trovi!

1 A tre famiglie del Nord, del Centro e del Sud d'Italia sono state rivolte alcune domande per scoprire come vivono. Leggi la tabella con le domande e le risposte e descrivi il modo di vivere di ogni famiglia.

2 Lavorate in gruppo di tre. Pensate alla vostra famiglia e rispondete, a turno, alle domande. Discutete le risposte.

*Esempio*
La famiglia del Nord abita in una villetta e fa la spesa al supermercato. Nel tempo libero guarda la televisione per tre ore al giorno, ma va al cinema solo una volta al mese.

| Domande | Famiglia del Nord | Famiglia del Centro | Famiglia del Sud |
|---|---|---|---|
| 1 Abitate in una casa/villa o in un appartamento? | Una villetta a due piani. | Un appartamento. | Un appartamento. |
| 2 Dove fate la spesa, nei supermercati o nei negozi? | Nei supermercati. | Nei supermercati e nei negozi. | Nei negozi. |
| 3 Quante ore al giorno rimane accesa la televisione? | Tre ore. | Sei ore. | Quattro ore. |
| 4 Nell'ultimo mese, quante volte qualcuno è andato al cinema? | Una volta. | Nessuna. | Due volte. |
| 5 Nell'ultimo mese, quante volte qualcuno è andato al ristorante? | Sei volte. | Una volta per il matrimonio di un familiare. | Tre volte. |
| 6 In quale settore lavorate: agricoltura, industria, artigianato, commercio, pubblica amministrazione? | Industria. | Commercio e artigianato. | Pubblica amministrazione. |
| 7 Che tipo di riviste o giornali leggete e quanti? | Una rivista di attualità alla settimana. | Due riviste femminili alla settimana e un mensile. | Un quotidiano tre volte alla settimana. |
| 8 Qualcuno pratica uno sport? Quale? | Bici (la madre). | Nessuno. | Calcio (il figlio). |
| 9 Quanti giorni di vacanza fate all'anno? | Quindici giorni in estate. | Quindici giorni in estate e una settimana a Natale. | Un mese in estate. |
| 10 Qualcuno, in famiglia, va a messa la domenica? | Tutti. | I genitori. | Credenti ma non praticanti. |

# 🎵 B Stereotipi e realtà!

Gianluca, Mariangela, Franca e Roberto s'incontrano in una località di villeggiatura. Gianluca e Mariangela sono settentrionali mentre Franca e Roberto sono meridionali. Insieme, discutono sulle differenze fra Nord e Sud. Ascolta quello che dicono, poi indica se le seguenti affermazioni sono vere o false.

|  |  | Vero | Falso |
|---|---|---|---|
| 1 | Gianluca sostiene che al Sud si vive, in assoluto, meglio che al Nord. Ci sono molte differenze fra Nord e Sud. | _____ | _____ |
| 2 | Mariangela afferma che le piace trascorrere le vacanze al Sud. | _____ | _____ |
| 3 | Roberto è convinto che problemi come mafia e disoccupazione esistono solo al Sud. | _____ | _____ |
| 4 | Franca sostiene che è importante anche adattarsi al posto in cui si vive. | _____ | _____ |
| 5 | Gianluca afferma che ci sono molti luoghi comuni sull'argomento Nord-Sud. | _____ | _____ |

# C Caccia agli stereotipi!

1 Qui vengono riportate alcune opinioni che di solito si sentono a proposito di Nord e Sud d'Italia. Indica quelle che ti sembrano degli stereotipi.

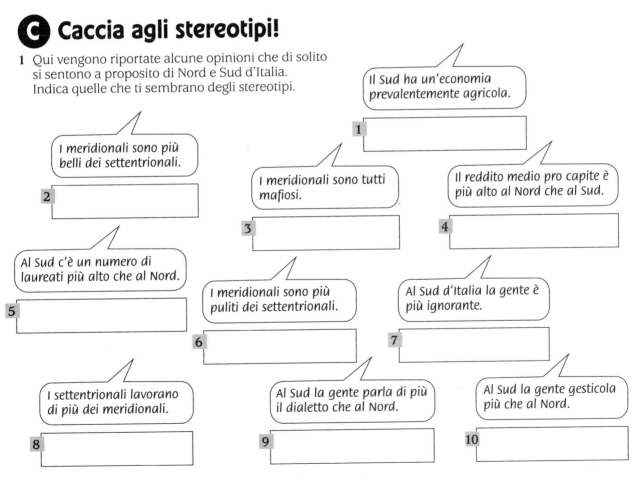

2 E nel tuo paese, ci sono stereotipi riguardo a diverse realtà geografiche e culturali? Discuti con un compagno.

# **Ripassiamo!**

## **A** A proposito della lingua italiana

Qui trovi delle affermazioni che riguardano la lingua italiana.
Leggile e indica per ognuna se è vera o falsa.

| Affermazioni | Vero | Falso |
|---|---|---|
| 1 L'italiano ha avuto origine dal latino. | _____ | _____ |
| 2 In Italia ogni provincia ha il suo dialetto. | _____ | _____ |
| 3 L'italiano letterario deriva dal toscano-fiorentino. | _____ | _____ |
| 4 In Italia ci sono soltanto due dialetti. | _____ | _____ |
| 5 I mezzi di comunicazione di massa hanno contribuito alla creazione di una lingua nazionale. | _____ | _____ |
| 6 Fino a qualche decennio fa, in molte regioni italiane si parlava il dialetto. | _____ | _____ |
| 7 In Italia, oggi, si parla soltanto la lingua italiana. | _____ | _____ |
| 8 L'italiano è stato influenzato dalle lingue dei paesi confinanti. | _____ | _____ |

## **B** Cronologia

**1** Qui trovi alcune date importanti nella storia recente d'Italia.
Per ognuna, riempi gli spazi con le informazioni mancanti.

A *1861* Proclamazione del _____ .

B *1915* L'Italia entra nella _____ .

C *1921* Avvento del _____ in Italia.

D *1929* _____ dei Patti Lateranensi
tra la Chiesa e lo Stato italiano.

E *1943* _____ del fascismo.

F *1946* Proclamazione della _____ .

G *1948* Entrata in vigore della _____ italiana.

> Repubblica italiana
> caduta
> Costituzione
> firma
> fascismo
> Regno d'Italia
> prima guerra mondiale

**2** Quali sono le date più importanti nella storia del tuo paese?
Fai un elenco breve come quello per l'Italia.

# C Parole crociate

## Orizzontali

**1** Geograficamente, l'Italia è una...
**8** "O" al posto di "a" nella parola casa dà una parola che può indicare tutto e niente!
**9** Si usa al posto della semplice "e", davanti a vocale.
**10** I trulli sono case circolari con il tetto a forma di...
**11** Sinonimo di oppure.
**12** ...Stretto di Messina.
**13** Abbrevazione del punto cardinale fra settentrione ed oriente.
**14** Il Garda non è un..., è un lago.
**16** Indica l'insieme degli anni di vita o un'epoca.
**18** Pronome davanti ad "amo".
**19** Un vulcano in Sicilia.
**20** È una preposizione (a, di, in, su, ecc.) che indica "insieme".

## Verticali

**2** Nome di un fenomeno acustico e di un famoso scrittore contemporaneo.
**3** L'Umbria...si affaccia sul mare.
**4** La più meriodionale...d'Italia è Lampedusa.
**5** Non si...con precisione da dove provengono gli Etruschi.
**6** Famoso artista e scienziato del Rinascimento.
**7** Si usa al posto della semplice "a", davanti a vocale.
**10** A capo del...c'è il sindaco.
**15** Fino al 510 a.C. Roma è stata governata da sette...
**17** "Mai" senza "m".

# D Indovina chi è?

Lavorate in gruppo di quattro o cinque persone. Uno pensa a un personaggio italiano famoso (può sceglierlo dal libro o cercare tra le proprie conoscenze), scrive una breve descrizione del personaggio e la legge agli altri che devono indovinare chi è. Se nessuno del gruppo riesce a indovinare, si possono fare delle domande.

*Esempio*
È stata la prima donna che si è laureata in medicina, in Italia. È nata ad Ancona, ma è morta all'estero, nel 1952. Ha sviluppato dei nuovi metodi per l'educazione dei bambini ed esistono adesso in tutto il mondo scuole che portano il suo nome.

È Maria Montessori.

## A

|  |  |
|---|---|
| abbazia *f* | abbey |
| abbigliamento *m* | clothing, clothes |
| abitare | live |
| abitassi | *subjunctive of* **abitare** |
| abitazione *f* | house, place to live |
| aborto *m* | abortion |
| accanto a | beside, as well as |
| accedere | gain access to |
| accogliere | welcome, receive |
| accomunare | have in common |
| aceto balsamico *m* | balsamic vinegar |
| acqua di colonia *f* | cologne |
| acque termali *f pl* | spa waters |
| acquistare | buy, purchase |
| ad angolo retto | at right angles |
| adatto | suitable |
| addetto a | assigned to |
| addobbato a festa | decked out |
| adorare | worship |
| adottare | adopt, choose |
| aereo *adj* | air(plane) |
| affacciarsi sul mare | look out on the sea |
| affari *m pl* | matters |
| affascinante | fascinating |
| affermare | become important 18, 19, 24; maintain 23 |
| affidare | entrust |
| affinare | refine |
| affitto, in - | rented |
| affluente *m* | tributary |
| affrescare | paint frescoes |
| Africa settentrionale *f* | North Africa |
| agenzia di pubblicità *f* | advertising agency |
| aggredire | attack |
| agire di nascosto | operate in secret |
| agraria | agriculture |
| agricolo | agricultural |
| agrumi *m pl* | citrus fruits |
| aiutare | help |
| aiuto *m* | help |
| alchimia *f* | alchemy |
| albanese | Albanian |
| albicocca *f* | apricot |
| Aldilà *m* | hereafter, life after death |
| al di là di | beyond |
| alimentare *adj* | food |
| alimentazione *f* | nutrition |
| alimento, alimenti *m* | food, foodstuffs |
| allagare | flood |
| allevamento di bufali *m* | buffalo rearing |
| allevamento di ovini *m* | sheep rearing |
| allevamento di suini *m* | pig rearing |
| alleanza *f* | alliance |
| allevato | reared, looked after |
| allievo *m* | pupil, student |
| allineato | lined up, arranged |
| alloggio di mia proprietà | residence that I own |
| allontanarsi | move away |
| allungato | stretched out, long |
| almeno | at least |
| alpinismo, fare - | go climbing |
| alpinista *m/f* | mountain climber |
| altamente | highly |
| alto, in - | at the top |
| alzarsi | get up |
| amare di più | like best |
| ambasciata *f* | embassy |
| ambientato | set in |
| ambientale | environmental |
| ambiente *m* | environment |
| Americhe *f pl* | Americas |
| ammalato *m* | sick person |
| ammesso, essere - | get in, gain admittance |
| ampio | spacious, broad |
| ampliato | extended |
| analfabeta *m* | illiterate, person who cannot read |
| anche se | even if |
| ancora | still |
| andare a letto | go to bed |
| andare a piedi | walk, go on foot |
| andare a trovare | go and visit |
| andare cercato | be found |
| andare di corsa | be in a hurry, hurry off |
| andare in campeggio | go camping |
| andare in ferie | go on vacation, holiday |
| andare in pensione | retire |
| andare via | go away |
| anello *m* | ring |
| anglosassone | Anglo-Saxon, English-speaking |
| angoscia *f* | worry, anguish |
| anguilla *f* | eel |
| annata *f* | year (*year-long period*) |
| anni Settanta | Seventies (*decade*) |
| antenato *m* | forerunner |
| antico | ancient |
| antipasto *m* | starter (*food*) |
| anziano *m* | old person |
| anziché | rather than |
| aperto | open |
| all'aperto, all'aria aperta | in the open air |
| apparecchio *m* | device, apparatus |
| apparenza, in - | apparently, which seems |
| apparire | appear |
| appartenere | come from, belong to |
| appassionato *m* | enthusiast |
| appena | just, hardly |
| appendere | hang |
| Appennini, Appennino | Apennines |
| appezzamento di terreno *m* | piece of land |
| appoggiato | supported |
| apprendere | learn |
| apprezzato | appreciated, liked |
| approdato | landed |
| approfondire | go into (*something*) in more depth |
| aquila reale *f* | golden eagle |
| arabo | Arab |
| arabico | Arabic |
| arancia *f* | orange |
| architettonico | architectural |
| arcipelago *m* | archipelago |
| arco a sesto acuto | pointed arch |
| arco a tutto tondo | rounded arch |
| argentino | Argentinian |
| argomento *m* | subject |
| arma *f* | weapon |
| armato di | armed with |
| armistizio *m* | armistice |
| armonioso | harmonious |
| arredamento *m* | furniture |
| arretrato | backward |
| arricchirsi | get rich |
| arrivarci | get there |
| arrivo *m* | arrival |
| arrosto | roasted |
| artigianalmente | produced by craftsman |
| artigianato *m* | crafts |
| artigiano *m* | craftsman |
| ascesa *f* | ascent |
| asciugare | dry |
| ascoltare | listen |
| ascoltatore | listeners |
| aspettare | wait |
| aspetto fisico *m* | physical appearance |
| assassinato | killed |
| assessore all'anagrafe *m* | registrar of births, marriages and deaths |
| assessore ai servizi sociali *m* | social services officer |
| assessore all'ambiente *m* | environmental officer |
| assistente psichiatra *m/f* | psychiatric assistant |
| assistere | assist, help |
| associazione caritatevole *f* | charitable organization |
| associazione di volontariato *f* | voluntary organization |
| assoluto | absolute, complete |
| Assunzione *f* | Assumption |
| assurdo | absurd |
| astigiano | from Asti |
| astronomo *m* | astronomer |
| atmosfera *f* | atmosphere |
| attaccamento *m* | attachment |
| attaccare | attach, stick on |
| attenuarsi | became less |
| attirare | attract, draw |
| attività terziaria *f* | service sector |
| attrattive turistiche *f pl* | tourist attractions |

|  |  |
|---|---|
| attraversare | cross |
| attraverso | through |
| attrezzi *m pl* | apparatus |
| attuale | present-day |
| attualità *f* | current affairs |
| attuando | carrying out |
| audace | bold, daring |
| aumentare | increase |
| aumento *m* | increase |
| Austriaco | Austrian |
| auto *f* | car |
| auto da corsa *f* | racing car |
| automobilismo *m* | motor racing |
| autonomia *f* | autonomy |
| autonomista *m/f* | supporter of autonomy |
| autonomo | independent |
| avanguardia *f* | avant-garde |
| avanti Cristo | before the Christian era |
| avere | have |
| avere bisogno di | need |
| avere buon esito | be successful |
| avere diritto a | be entitled to |
| avere il sopravvento | get the upper hand, was strongest |
| avere in comune | have in common |
| avere in mente | have in mind |
| avere la forma di | be shaped like |
| avere luogo | take place |
| avere cura di | look after |
| avere notizia | have news |
| avere notizie di | hear from |
| avere sete | be thirsty |
| avere un grande successo | be very successful |
| avvenimento *m* | event |
| avvenire | happen, occur |
| avversario *m* | adversary, opponent |
| avessero | *subjunctive of* ***avere*** |
| avviare | start up, set up |
| avvistare | sight |
| avvolto | wrapped |
| azienda *f* | company |
| azienda agricola *f* | large farm |
| azienda oliviticola *f* | farm producing olives |
| aziende di piccole e medie dimensioni *f pl* | small and medium enterprises |

**B**

|  |  |
|---|---|
| Babbo Natale *m* | Father Christmas |
| badare a se stessi | look after oneself |
| bagnare | wash, bath |
| baldanza *f* | boldness |
| ballo liscio *m* | dancing |
| bancarella *f* | stall |
| bancario *adj* | banking |
| banchiere *m* | banker |
| bandiera *f* | flag |
| barbabietola da zucchero *f* | sugar beet |
| barbaro | barbarian |
| barbiere *m* | barber |
| barocco | baroque |
| basarsi su | be based on |
| basket *m* | basketball |
| basso | low |

|  |  |
|---|---|
| basso, in - | at the bottom |
| battaglia *f* | battle |
| battere | beat |
| batteria elettrica *f* | electricity |
| battesimo *m* | baptism, christening |
| battistero *m* | baptistry |
| Belgio *m* | Belgium |
| bellezza *f* | beauty |
| bellissimo | very beautiful |
| ben al di là di | well beyond |
| ben, esserci - | be at least |
| bene *m* | consumer item |
| benessere *m* | wellbeing |
| beni importati *m pl* | imported goods |
| bere | drink |
| Betlemme | Bethlehem |
| Bibbia *f* | Bible |
| biblioteca *f* | library |
| bidone di spazzatura *m* | rubbish bin, trash can |
| Bisanzio | Byzantium |
| biscotto *m* | biscuit, cookie |
| bisogna +*infinitivo* | you have to... |
| bizantino | Byzantine |
| bloccho terrestre *m* | land mass |
| bocce *f pl* | bowls |
| organizzazione bocciofila *f* | bowling association |
| bolide da corsa *m* | racing car |
| bollitore *m* | kettle |
| borghesia *f* | middle classes |
| borsa di studio *f* | study grant |
| Borsa Valori *f* | stock exchange |
| boschetto *m* | grove |
| boschi *m pl* | woods |
| bottega *f* | workshop |
| bravo | clever |
| breve | short, brief |
| brevettare | patent |
| brullo | barren |
| Bruxelles | Brussels |
| bue *m* | ox |
| buio *m* | dark |
| buono da mangiare | good to eat |
| burro *m* | butter |

**C**

|  |  |
|---|---|
| caccia *f* | hunting |
| a caccia di | on the hunt for |
| cadere | collapse, fall, fall on |
| caffettiera *f* | coffeepot |
| calce *f* | lime |
| calcio *m* | soccer |
| caldo | hot, warm |
| calo *m* | fall |
| calzatura *f* | footwear |
| calza *f* | sock |
| calzolaio *m* | shoemender |
| cambiamento di valori *m* | change in values |
| cambiare | change |
| cambio di, in - | in exchange for |
| camoscio *m* | chamois |
| campagna *f* | campaign, country |
| campanile *m* | bell tower |
| campano | from Campania |
| campetto *m* | small soccer ground |
| campionato *m* | championship |

|  |  |
|---|---|
| campione d'incasso *m* | biggest income generating |
| campione di inseguimento *m* | pursuit champion |
| campo *m* | area, field |
| campo da sci *m* | ski area |
| cannonata *f* | cannon shot |
| cantante *m/f* | singer |
| cantautore *m/f* | singer-songwriter |
| cantiere navale *m* | naval shipyard |
| canto *m* | canto *(chapter)* |
| canto di lavoro *m* | work song |
| canto gregoriano *m* | Gregorian chant |
| canzone *f* | song |
| capacità *f* | ability |
| capannone *m* | hangar |
| capire | understand |
| Ti è mai capitato di...? | Have you ever happened to...? |
| capitone *m* | female eel |
| capo *m* | head |
| capolavoro *m* | masterpiece |
| capoluogo *m* | main town |
| cappella *f* | chapel |
| carattere religioso *m* | religious nature, side |
| carbone *m* | coal |
| carcere *m* | prison |
| carciofo *m* | artichoke |
| Carlo Magno | Charlemagne |
| caro prezzo, a - | at a high price |
| carro allegorico *m* | carnival float |
| carta *f* | paper, map |
| carta geografica *f* | geographical map |
| carta d'identità *f* | identity card |
| Cartagine | Carthage |
| cartello *m* | sign |
| cartiera *f* | paper mill |
| cartina *f* | map |
| casa, a - | at home |
| casa di proprietà *f* | house that someone has bought |
| casa di riposo *f* | old people's home |
| casalinga *f* | housewife |
| cascina *f* | farmhouse |
| castello *m* | castle |
| catena di montaggio *f* | assembly line |
| cattivo | bad, wicked |
| cattolicesimo *m* | Catholicism |
| catturato | captured |
| cavalcato a pelo | ridden bareback |
| cavaliere *m* | cavalry trooper, knight |
| cavallo, a - | on horseback |
| cedro *m* | citron *(fruit)* |
| celebre | famous |
| Cenacolo *m* | Last Supper |
| cenare | have dinner |
| centinaio, centinaia | about a hundred |
| centro balneare *m* | seaside resort |
| centro commerciale *m* | shopping mall |
| centro costiere *m* | seaside resort |
| centro storico *m* | historical center of a town |
| centro termale *m* | spa town |
| centro turistico *m* | tourist resort |
| cercare | search, search for |
| cercare di | try to |
| cerca di, in - | in search of |

|  |  |
|---|---|
| cero *m* | candle |
| certo | certain |
| cesellatore *m* | engraver |
| Che barba! | What a bore! |
| chiacchierare del più e del meno | talk about this and that |
| chiaro | clear |
| chiesa *f* | church |
| chilometro quadrato *m* | km² |
| chimica *f* | chemistry |
| chitarra *f* | guitar |
| chiudere | close |
| cibi *m pl* | food |
| ciclo *m* | course |
| cielo *m* | heaven |
| cifra, in - | in figures, numbers |
| ciliegia *f* | cherry |
| cima *f* | peak, mountain top |
| cimitero *m* | cemetery |
| cioè | that is (to say) |
| ciò | this |
| circa | approximately |
| circo *m* | circus |
| circolante | circulating |
| circolare | circular |
| circondato | surrounded |
| cittadina *f* | small town |
| cittadino *m* | citizen |
| città d'origine *f* | place of origin |
| civile | secular |
| civiltà *f* | civilization |
| clavicembalo *m* | harpsichord |
| codice *m* | code |
| cognome *m* | surname |
| coincidere | coincide |
| colazione, fare - | have breakfast |
| collaborare | work with |
| colle *m* | hill |
| collegamento *m* | connection |
| collegato | connected |
| collina *f* | hill |
| colonia *f* | colony |
| colonnato *m* | colonnade |
| colpire | strike |
| colpo di scena *m* | coup de théâtre |
| coltivabile | suitable for cultivation |
| coltivare | cultivate, grow |
| coltivazione *f* | crop |
| comandare | give orders |
| combattuto | fought |
| Come mai...? | How is it that...? |
| come se fossero vicine | as if they were close up |
| cominciare | begin, start |
| comitato *m* | committee |
| commedia *f* | comedy |
| commentario *m* | commentary |
| commerciante *m* | merchant, business person |
| commercio di armi *m* | arms trade |
| commercio di droga *m* | drug trade |
| comodamente | comfortably |
| comodità *f* | convenience |
| compagnia d'assicurazione *f* | insurance company |
| comparire | appear |
| comperare | buy |
| compiti *m pl* | homework |
| compito *m* | task, job |
| compleanno *m* | birthday |
| complesso | complex, complicated |
| componente *m* | part |
| componimento *m* | composition |
| comporre | compose |
| compositore *m* | composer |
| composizione pittorica *f* | artistic composition |
| comprendere | includes |
| compreso | included |
| compiuto da | carried out by |
| compiuto i..anni, avere - | be...years old |
| Comunità europea *f* | European Community |
| comunque | anyway |
| concepito | conceived |
| concludersi | finish |
| concordato | agreed |
| concorso *m* | competition |
| condannato | condemned |
| condire | season, flavour |
| condottiero *m* | mercenary leader |
| conduttrice *f* | TV presenter |
| conduzione familiare, a - | family run |
| confezionare un completo su misura | make a made-to-measure suit |
| confidarsi | confide |
| confine *m* | border, frontier |
| confrontare | compare |
| confronti di, nei | towards |
| cono gelato *m* | ice-cream cone |
| conoscenze *f pl* | knowledge |
| conoscere | know |
| conosciuto | well-known |
| conquistare | conquer |
| consacrato | consecrated |
| consegnare | deliver, hand over |
| consentire a | allow to |
| conservato | preserved |
| conservatore *m* | conservative |
| conserve *f pl* | canned foods |
| consigliare | advise |
| consistere in | consists of |
| console *m* | consul |
| consumatore *m* | consumer |
| consumo *m* | consumption |
| contadino *m* | peasant, country people |
| contare | include |
| contenere | contain |
| continuazione, in - | continuously |
| continuo | continual |
| con un contorno di | served with |
| contraddire | contradicts |
| contraddittorio | contradictory |
| contrario | opposite |
| contro | against |
| controllare | check |
| controllo ambientale *m* | environmental check |
| convincere | convince, persuade |
| convinto | convinced, believed |
| convivenza *f* | living together |
| coperto | covered |
| copione *m* | script |
| coppia *f* | couple |
| coraggio *m* | courage |
| corazza *f* | breastplate |
| corda *f* | string |
| corpo *m* | body |
| corrente *f* | trend |
| correre il rischio di | run the risk of |
| corretto | correct |
| corrispondere | match |
| corsa, di - | running |
| corsa, fare di - | do in a hurry |
| corte *f* | court |
| corteo *m* | procession |
| cortesie *m pl* | courtesies |
| così | in this way, like this |
| costa *f* | coast |
| costare | cost |
| costituire | make up |
| costoso | expensive |
| costringere | force |
| costruire | build |
| costruttore, costruttrice *adj* | building |
| costume *m* | habits |
| costume, di - | customary, usual |
| costume da bagno *m* | swimsuit |
| creare | create |
| credere | believe |
| crema *f* | vanilla ice cream |
| crema solare *f* | suntan lotion |
| crescere | grow |
| cresima *f* | confirmation |
| crisantemo *f* | chrystanthemum |
| cristianesimo *m* | Christianity |
| cronaca *f* | news *34*; account *72* |
| cucina *f* | kitchen |
| cucina regionale *f* | regional cooking |
| cucinare | cook |
| cui | whom; which |
| cuoio *m* | leather |
| cuore *m* | heart |
| cupola *f* | dome |
| curare | take a cure for |
| curare la contabilità *f* | take care of the accounts |
| curarsi | take a cure |

**D**

|  |  |
|---|---|
| da allora | since then |
| da anni ormai | for years now |
| favola *f* | fairy tale |
| da ragazzo/a | as a child |
| da solo/a | on (my, your, etc.) own, alone |
| da un lato...dall'altro | one hand...on the other |
| danni *m pl* | damage |
| danzatore *m/f* | dancer |
| dappertutto | everywhere |
| dare consigli | give advice |
| dare espressione | find a way of expressing |
| dare inizio a | be the beginning of |
| dare un senso a | give sense to, make sense of |
| dato *adj.* | given, considering |
| davanti a | in front of |
| decadere | fall into decline |
| decina *f* | about 10 |
| dedicare | devote |

|  |  |
|---|---|
| definitivamente | finally |
| delimitato | defined |
| delizioso | delightful |
| denaro *m* | money |
| densità abitativa *f* | population density |
| dentro | inside |
| denuncia *f* | exposé, accusation |
| denunciato | exposed |
| deputato *m/f* | representative, member of Parliament |
| derivare | comes, derives |
| deserto | deserted, empty |
| deserto *m* | desert |
| desiderare | want to |
| desiderio *m* | desire, wish |
| destinato | intended, meant |
| destra *f* | right *(political)* |
| determinare | cause, bring about |
| detto | called |
| dépliant *m* | leaflet, brochure |
| diario *m* | diary, journal |
| diboscamento *m* | deforestation |
| dichiarare guerra a | declare war on |
| difendere l'ambiente | protect the environment |
| difesa *f* | defence |
| differenza di, a – | unlike |
| diffondere | spread |
| dimezzato | cut in half |
| diminuito | reduced |
| dimostrare | demonstrate, show |
| dio *m* | god |
| dipinto *m* | painting |
| diplomarsi | qualify as, obtain diploma |
| direzione *f* | management |
| dirigere | run, head up |
| dirigibile *m* | airship |
| diritto *m* | right to something *12*; straight *adj 24* |
| discendere | be descended |
| disciplina *f* | subject |
| discorso *m* | speech |
| disegno *m* | design *18*; drawing *20, 21* |
| disoccupato | unemployed |
| disordine *m* | confusion |
| disperato | desperate |
| disponibilità *f* | availability |
| distanza, a – | over long distances |
| distare | be...away from |
| distretto industriale *m* | industrial zone |
| distribuito | divided up |
| distrutto | destroyed |
| dittatura *f* | dictator |
| divenire | become |
| diventare | become |
| diverso | different |
| divertirsi | enjoy oneself |
| diviso | divided |
| divorziati *m pl* | divorced people |
| dolce *m* | dessert *48*; sweet *28, 63* |
| dominazione *f* | domination |
| dono *m* | present, gift |
| dopo Cristo | AD |
| dopoguerra *m* | postwar period |
| doppiato | dubbed |
| doppio | double |
| dotto | learned |
| dovere *m* | duty *33* |
| drammatico | dramatic |
| drammaturgo *m* | playwright |
| drappeggio *m* | drapery, folds |
| drappo *m* | embroidered cloth |
| ducato *m* | dukedom |
| Duce *m* | leader |
| duco *m* | duke |
| due terzi *m pl* | two thirds |
| duomo *m* | cathedral |
| durare | last |
| durata *f* | length of time |

**E**

|  |  |
|---|---|
| E da bere? | What would you like to drink? |
| ebreo | Jewish |
| ecc. | etc. |
| ecco | here are *6, 49, 51*; here is *7, 23* |
| ecco perché | that's why *11* |
| edicola dei giornali *f* | newspaper stand |
| edificio *m* | building |
| edilizia *f* | building trade |
| educativo | educational |
| efficacia *f* | efficiency |
| egizio | Egyptian |
| eleggere | elect |
| elemento *m* | feature, element |
| eletto a suffragio diretto | elected by direct suffrage |
| elettore *m* | voter |
| elevato | high |
| elicottero *m* | helicopter |
| elmo *m* | helmet |
| emettere | issue |
| Enea | Aeneas |
| entrare in guerra | come into the war |
| entrare in vigore | come into effect |
| epidemia di peste *f* | plague epidemic |
| episodio *m* | event, episode |
| Eppur si muove! | And yet it does move! |
| equipaggio *m* | crew |
| equitazione *f* | horseriding |
| eredità *f* | heritage |
| eroe *m* | hero |
| esaltare | praise, celebrates |
| esame di guida *m* | driving test |
| esattezza, con – | exactly |
| escursionismo, fare – | go hiking |
| eseguire | execute, do, carry out |
| esercito *m* | army |
| esercizio *m* | exercising |
| esercizio commerciale *m* | financial year |
| esigenza *f* | need, requirement |
| esilio *m* | exile |
| esistere | be *4, 32, 66*; exist *16, 44, 45, 53* |
| esperto di informatica *m* | computer expert |
| esploratore *m* | explorer |
| esprimere | express |

|  |  |
|---|---|
| essere complice | be an accomplice |
| essere d'accordo con | agree with |
| essere in grado di | be capable of, able to |
| essere in testa a | be number one |
| essere primo in classifica | be the leader, come first |
| essere promosso | pass an exam |
| essere su misura | be made to measure |
| estendersi | extend, stretch |
| all'estero | abroad |
| esteso | extensive, vast |
| età *f* | age |
| eterno | eternal |
| etnia *f* | ethic origin |
| etrusco | Etruscan |
| ettaro *m* | hectare *(1 km$^2$=100 hectares)* |
| evidente | obvious |
| evitare | avoid |

**F**

|  |  |
|---|---|
| fabbrica di automobili *f* | car factory, plant manufacture, |
| fabbricare | make |
| facoltativo | optional |
| facoltà *f* | faculty |
| familiare *adj* | family *32*; family member *40* |
| fante *m* | infantryman |
| fare conoscere | make known, introduce |
| farina *f* | flour |
| farmacia *f* | pharmacy, chemist |
| fasce, in – | as babies |
| fase *f* | stage, phase |
| faticoso | tiring |
| fattoria, di – | farmhouse |
| fava *f* | beans |
| favore *m* | favours |
| favorire | encourage, promote |
| fedele | faithful |
| fegato *m* | liver |
| femminile | female |
| feriale *adj* | working day, weekday |
| ferie, fare le – | go on holiday, vacation |
| fermato | stopped |
| fermo | motionless |
| ferrovia *f* | railway, railroad |
| ferroviario *adj* | railway, railroad |
| festa *f* | holiday, celebration |
| festa patronale | celebration of patron saint of town, village |
| festa popolare *f* | local festival |
| festeggiare | celebrate |
| fettina *f* | slice |
| feudatario *m* | feudal lord |
| feudo *m* | fiefdom |
| fiabesco *adj* | fairy tale |
| fianco di, a – | on the side of |
| fidanzato/a | steady boyfriend/girlfriend |
| fiducia *f* | faith, trust |
| figli *m pl* | children |

| | | | | | |
|---|---|---|---|---|---|
| figlio adottivo *m* | adopted son | fuga *f* | escape, flight | goletta *f* | schooner |
| figura umana *f* | human figure | funghi porcini *m pl* | porcini mushrooms | Golfo del Bosforo *m* | Bosphorus |
| bella figura, fare - | create a good impression | funzionare | work, function | gomma *f* | rubber |
| filiale *m* | branch office | funzionario dello Stato *m* | state employee | gotico | Gothic |
| filosofico | philosophical | | | Goto *m* | Goth |
| fin da | up to, until | funzione *f* | role, function | governo *m* | government |
| finanziario | financial | fuochi artificiali *m pl* | fireworks | grado *m* | degree |
| fine *f* | end | | | grande, gran | big, large |
| fine settimana *m/f* | weekend | fuori casa | outside the home | gran parte, in - | largely, mostly |
| finestra *f* | window | furore *m* | fury, anger | Gran Bretagna *f* | Great Britain |
| fino a | until | | | grande città *f* | big city |
| fiore *m* | flower | **G** | | grano *m* | grain |
| fiorente | flourishing | galleria *f* | arcade *(shopping)* | grano tenero *m* | soft wheat |
| fiorentino | Florentine, from Florence | Gallia *f* | Gaul | granoturco *m* | corn, maize |
| fiorito | with flowers | gallina faraona *f* | guinea fowl | grasso | fat |
| firma *f* | signature | gara *f* | race | gratis | free |
| firmare | sign | garantito | guaranteed | Grazie *f pl* | the Graces |
| fisarmonica *f* | accordion | gelato *m* | ice cream | grazie a | thanks to |
| fisica *f* | physics | gemello *m* | twin | grazioso | delightful |
| fisionomia *f* | facial features | genere *m* | kind, sort | greco | Greek |
| fissare la data | fix, choose a date | genero *m* | son-in-law | grossa cilindrata, di - | expensive cars with large engine capacity |
| fiume *m* | river | geniale | brillant, of genius | | |
| flotta mercantile *f* | merchant fleet | genitori *m pl* | parents | grotta *f* | cave |
| folla *f* | crowd | gente *f* | people | guadagnarsi da vivere | earn a living |
| fondare | found, set up | genuino | natural | | |
| fondatore *m/f* | founder | gerarchico | hierarchical | guardare | look |
| fondo *m* | fund | Germania Occidentale *f* | West Germany | guardia *f* | guard |
| fontana *f* | fountain | | | guerra *f* | war |
| forchetta *f* | fork | germanico | Germanic | guida, alla - di | at the controls of |
| forma *f* | shape | gesto *m* | gesture | guidato | lead *13*; guided *23* |
| formaggio *m* | cheese | Gesù Bambino | Baby Jesus | gusto *m* | taste |
| formare | make up, form | gettare | throw | | |
| formare il grosso di | make up the largest part of | gettarsi in | flow into *(river)* | **I** | |
| | | ghiacciaio *m* | glacier | Illuminismo *m* | Enlightenment |
| formazione *f* | formation | ghiaccio triturato *m* | crushed ice | immaginare di | imagine being |
| formella *f* | panel, tile | giallo, libro giallo *m* | thriller, detective novel | immagine *f* | picture, image |
| formulare | formulate | | | imparare giocando | learn by playing |
| forse | perhaps | Giappone *m* | Japan | impazzire | go mad |
| forte | strong | giavellotto *m* | spear | impegnato | involved *53* |
| fortezza *f* | fortress | già | already | impegno antifascista *m* | antifascist activity |
| foro *m* | forum | gigantesco *adj* | giant | | |
| forza *f* | force *24, 30, 31*; strength *53* | giglio *m* | carnation | imperatore *m* | emperor |
| | | ginestra *f* | broom *(plant)* | impero *m* | empire |
| fossato *m* | ditch, moat | ginnastica *f* | exercise | impiegare | spend *55*; employ *66* |
| fotoreporter *m* | newspaper photographer | Gioconda *f* | Mona Lisa | | |
| | | giornale *m* | newspaper | impiegato/a *m* | employee |
| fra | between, among | giornata di lavoro *f* | working day | imponente | imposing, impressive |
| francese | French (person) | giorni nostri, ai - | in our time, nowadays | | |
| Francia *f* | France | | | imporre | impose |
| Franco | Frankish *14*; Frank *23* | giorno, al - | per day | imprenditore *m* | entrepreneur |
| | | giorno festivo *m* | public holiday | impresa *f* | company |
| francobollo *m* | stamp | giorni, tutti i - | every day | improvvisare | improvise |
| frase idiomatica *f* | colloquial expression | giostra *f* | merry-go-round, carrousel | inaugurarsi | be inaugurated, open |
| fratellanza *f* | fraternity, solidarity | giovane *m/f* | young man/woman | incaricare di | ask *(someone)* to do *(something)* |
| | | giovane | young | | |
| frazionato | split up | Giove | Jove | incendio *m* | fire |
| frequentare | attend *43, 45, 67*; go to *50* | Giovine Italia *f* | Young Italy (movement) | inchiesta *f* | investigation *31*; report *35* |
| | | giovinezza *f* | youth | | |
| fresco | fresh | girare | get around *64* | incidere un disco | cut a record |
| fretta, in - | in a hurry | girare un film | make a film | incontrare | meet |
| frigorifero portatile *m* | cooler | girasole *m* | sunflower | incoraggere | encourage |
| | | giro *f* | tour | incrociarsi | cross each other |
| frizzante | sparkling, fizzy | giudicato | judged, considered | indagine *f* | survey |
| frutta *f* | fruit *(food)* | giungere | arrive at, reach | indicare | mean *28, 37, 71*; show *37, 57, 68* |
| frutta candita *f* | candied fruit | Giunone | Juno | | |
| frutto *m* | fruit *(abstract)* | giunta *f* | council | Indie *f pl* | Indies |
| frutto, mettere a - | make use of | giurare | vow, swear | indire un referendum | hold a referendum |
| fucilato | shot | godere | enjoy | indossare | put on, wear |

indovinare — guess
industria alimentare *f* — food industry
industria degli elettrodomestici *f* — electrical goods industry
industria di base *f* — basic industries
industria editoriale *f* — publishing industry
infatti — in fact, actually
inferiore — lower, smaller
Inferno *m* — Hell
infine — finally
inforcare la bicicletta — get on a bicycle
informatica *f* — computer science
informazione *f* — information
informazioni *f pl* — information
ingegnere *m* — engineer
ingegneria *f* — engineering
ingegno *m* — genius
ingresso *m* — entrance
iniziare — begin, start
inizio *m* — beginning, start
innamorarsi di — fall in love with
inno religioso *m* — religious hymn
inoltre — besides, in addition
inquinamento *m* — pollution
insegnante *m/f* — teacher
insenatura *f* — creek, inlet
insetto *m* — insect
insieme — together
installare — set up 73
instaurare — install
insurrezione *f* — uprising
intatto — intact
intenso — intense, deep
interamente — entirely
interessarsi a — be interested in
interesse *m* — interest
interno — internal
intero — whole
interpretare — interpret 22; sing 27; play 28
interrogatorio *m* — interrogation
intervenire — intervene
intervento *m* — intervention
intorno a — around
inutilità *f* — uselessness
invasore *m* — invader
invece — whereas 14, 34, 35, 40, 46; instead 24, 49, 53, 62, 65
invernale *adj* — winter
invito *m* — invitation
iscriversi a — enrol for
isola *f* — island
isolamento *m* — isolation
isolato — isolated
isoletta *f* — small island
ispirarsi — be inspired by
ispiratrice *f* — inspirer
istituto *m* alberghiero — hotel school
istituto magistrale *m* — teacher training school
Italia insulare *f* — Italian islands
Italia meridionale *f* — southern Italy
Italia settentrionale *f* — northern Italy

**L**

laboratorio di ricerca *m* — research laboratory

laborioso — hard working
ladino — Ladin
ladro *m* — thief
lago *m* — lake
lampada *f* — lamp
lana *f* — wool
lapide *f* — memorial stone
largo — wide
lasciare — leave
lato *m* — side
laude — laud
laurea *f* — degree
laurea breve *f* — short course
laurearsi in — take a degree in
lavoratore *m* — worker
lavorazione di carta *f* — paper making
lavoro manuale *m* — manual work
laziale — from Lazio
lega *f* — league
legato — linked
legge *f* — law
leggerezza *f* — lightness
legionario *m* — legionary
legname *m* — timber
legno *m* — wood
lente *f* — lens
lenzuolo *m* — sheet
leone *m* — lion
lessico *m* — vocabulary
lettera *f* — letter (*of alphabet*) 19; letter 24
letterario — literary
lettura *f* — reading
leva su, fare - — take advantage of
libertà *f* — liberty, freedom
libreria *f* — bookshop
libro di avventure *m* — adventure novel
libro di testo *m* — textbook
lingua tedesca, di - — German-speaking
lingua d'insegnamento *m* — language of instruction
linguaggio *m* — language
liquirizia *f* — liquorice
liuto *m* — lute
livello di istruzione *m* — educational level
località della costa, località di villeggiatura *f* — vacation resort
lontano — far away
lotta *f* — struggle
lunghezza *f* — length
lungomare *m* — promenade, boardwalk
luogo di lavoro *m* — work place
luogo di nascita *m* — birth place
luogo di villeggiatura *m* — vacation resort
lupa *f* — she-wolf

**M**

macchia solare *f* — sun spot
macchina *f* — car
macchine agricole *f pl* — agricultural machinery
macchine industriali *f pl* — industrial machinery
macchine per ufficio *f pl* — office machinery

madrelingua *f* — native language, mother tongue
maestro *m* — master craftsman 72
maggiore — large
maggior parte *f* — majority
maggioranza *f* — majority
magistrato *m* — magistrate
magistratura *f* — magistrature
maglia *f* — jersey
mai più — never again
male *m* — bad, evil
malinconia *f* — melancholy
mancare — be missing
mandato — sent
mandorla *f* — almond
manicomio *m* — psychiatric hospital
manifestarsi — be shown
mantenere — maintain, keep
mantenersi in forma — keep fit
manuale *m* — technical book
mappa *m* — map
mappamondo *m* — map of the world
Mar Ionio *m* — Ionian Sea
Mar Tirreno *m* — Tyrrhenian Sea
marcare il ritmo — keep time
marcia *f* — march
marinaio *m* — sailor
marinaro — marine
marittimo — maritime, coastal
marmellata *f* — jam
Marte — Mars
mascherarsi — dress up
massimo — major, greatest
materia *f* — subject
materie prime *f pl* — raw materials
matrimonio *m* — wedding
matrimonio civile *m* — civil wedding
matto — mad
mattone *m* — brick
mausoleo *m* — mausoleum, tomb
meccanico — mechanical
medesimo — same
media *f* — average
media, in - — on average
medico *m* — doctor
medio — average
Medioevo *m* — Middle Ages
mela *f* — apple
mensa *f* — canteen
mentre — while
mercante — merchant, trader
meridionale — southern
Meridione *m* — southern Italy
messa *f* — mass
messaggero *m* — messenger
mestiere *m* — job, trade
meta *f* — destination
metà *f* — half
metalmeccanico *adj* — engineering
metro quadrato — m²
mettere — put
mettere a punto — finalize
mettere da parte i soldi — put some money aside
mettere in atto — put into action, force
mettere via — put aside, away
mettersi in regola — regularize the situation
mezzi *m pl* — means
mezzo — half 14, 51, 72; middle 24

|  |  |
|---|---|
| Mezzogiorno *m* | southern Italy |
| migliorare | improve |
| migliore | better |
| miliardo *m* | thousand million, billion |
| minestra *f* | soup |
| ministro *m* | minister |
| miniere *adj* | mining |
| minore | minor, smaller |
| mirtillo *m* | bilberry |
| miseria *f* | poverty |
| misura *f* | measure |
| mite | mild |
| mito *m* | myth |
| mobili *m pl* | furniture |
| moda *f* | fashion |
| moda, di - | fashionable |
| modello *m* | model, example |
| modo *m* | way |
| modo di vivere *m* | way of life |
| modo massiccio, in - | on a large scale |
| moglie *f* | wife |
| mollusco *m* | shellfish |
| molto da | a lot to |
| monaco amanuense *m* | monk copyist |
| mondiale *adj* | world |
| mondina *f* | rice planter |
| moneta *f* | coin |
| monte *m* | mountain |
| Monte Bianco | Mont Blanc |
| montuoso | mountainous |
| morbido | soft |
| morire di noia | die of boredom |
| morto *m* | dead person |
| Mosè | Moses |
| mostra *f* | exhibition |
| mostro *m* | monster |
| motivo *m* | reason |
| moto *f* | motorbike |
| municipio *m* | town council, town hall |
| mura *f pl* | walls (*around city*) |

### N

|  |  |
|---|---|
| nacchera *f* | castanet |
| nacque | *passato remoto of* **nascere** |
| narrare | tell, recount |
| narratore, narratrice *m, f* | writer |
| nascere | be born |
| nascita *f* | birth |
| naso *m* | nose |
| Natale *m* | Christmas |
| nave rompighiaccio *m* | ice breaker |
| nazista *adj* | Nazi |
| negozio *m* | shop, store |
| negozio di alimentari *m* | food shop, grocery store |
| neonati *m pl* | newly-born children |
| nipotino *m* | grandson |
| Nizza | Nice (*in France*) |
| nocepesca *f* | nectarine |
| noleggiare | hire, rent |
| nominare | appoint |
| non fare mai più ritorno in... | never to return to |
| non solo...ma | not only...but |
| non sono da meno | there are just as many... |
| nonni *m pl* | grandparents |
| nonostante | despite, in spite of |
| normalmente | usually |
| norvegese | Norwegian |
| nostalgia *f* | nostalgia 23; homesickness 27 |
| notizia *f* | item of news |
| notizie *f pl* | the news |
| noto | famous |
| novella *f* | short story |
| numero chiuso *m* | limited number |
| numeroso | many, numerous |
| nuora *f* | daughter-in-law |
| nuoto *m* | swimming |

### O

|  |  |
|---|---|
| occasione *f* | opportunity 39; occasion 47 |
| occidentale | western |
| Occidente *m* | West |
| occitano | Occitan |
| occupare | occupy 16, 50, 71; employ 62 |
| occuparsi di | deal with 34, 35; look after 55 |
| oggetto *m* | object |
| Ognissanti *m* | All Saints' Day |
| ognuno | each (one) |
| Olanda *f* | Netherlands, Holland |
| olio di oliva *m* | olive oil |
| oltre | more than 38, 39 |
| oltre a | as well as |
| ombelico *m* | navel |
| ombrellone *m* | sunshade, beach umbrella |
| opera (d'arte) *f* | work (book, play, painting, etc.) 6, 19, 22, 23, 24, 25, 26, 72 |
| opera buffa *f* | comic opera |
| opera (lirica) | opera 26 |
| operaio *m* | worker |
| operare | work 32 |
| opporsi | object |
| oppure | or |
| ora | hour 4, 35, 42, 44, 50; now 22; time 41 |
| orafo *m* | goldsmith |
| orario *m* | opening/closing times |
| ordinamento politico *m* | political system |
| ordine pubblico *m* | public order |
| organismo internazionale *m* | international organization |
| organo *m* | organ |
| organo centrale *m* | central offices/ departments |
| organo esecutivo *m* | executive arm |
| organo legislativo *m* | legislative arm |
| orientale | eastern |
| orientarsi di più su | tend more towards |
| Oriente *m* | East |
| origini *f pl* | origins |
| orizzonte *m* | horizon |
| ormai | by now |
| ornato da | decorated with |
| oro *m* | gold |
| oro zecchino *m* | pure gold |
| orso *m* | bear |
| ortaggi *m pl* | vegetables |
| oscillazione *f* | swinging movement |
| oscuro | dark |
| ospitare | accommodate |
| ospite *m/f* | guest |
| osservanza *f* | observance |
| ostrogoto | Ostrogoth |
| ottavo | eighth |
| ottenere | obtain, get |
| ottimo | very good, excellent |

### P

|  |  |
|---|---|
| padrone *m* | boss |
| paesaggio *m* | countryside |
| paese *m* | country; village 29, 34, 47, 50, 70 |
| paese produttore | producing country |
| pagamento *m* | payment |
| pagano | pagan |
| pagina *f* | page |
| paladino *m* | paladin, champion |
| palestra *f* | gym |
| pallacanestro *m* | basketball |
| pallavolo *m* | volleyball |
| pancia *f* | belly, stomach |
| panna *f* | cream |
| panni *m pl* | clothes, washing |
| Papa *m* | Pope |
| papato *m* | papacy |
| paracadute *m* | parachute |
| parata militare *f* | military parade |
| parcheggio *m* | car park, parking lot |
| parecchio | quite a lot |
| parente *m/f* | relation |
| parere *m* | opinion |
| parete *m* | wall |
| Parigi | Paris |
| parmigiano | Parmesan |
| parola *f* | word |
| parroco *m* | parish priest |
| parte di, da - | on behalf of |
| parte di, fare - | be part of |
| particolare | particular, special |
| particolarità *f* | distinctive feature |
| partigiano *m* | partisan |
| partire | leave |
| partire da, a - | from |
| partita di calcio *f* | soccer game |
| partito politico *m* | political party |
| pascolo *m* | pasture |
| Pasqua *f* | Easter |
| passare | spend (time) |
| passatempo *m* | pastime, hobby |
| passato, in - | in the past |
| passeggiata, fare la - | go for a stroll |
| passo lento, a - | slowly |
| pasta *f* | pasta 48; pastry, cake 51 |
| pastasciutta *f* | pasta |
| pasticceria *f* | pastry shop |
| pasto *m* | meal |
| pastore *m* | shepherd |
| patria *f* | home country |
| patrimonio *m* | heritage |

patti Lateranensi *m pl* — Lateran Pact
pattinaggio *m* — skating
paura *f* — fear
pausa, fare una - — take a break
peccato *m* — sin
Pechino — Beijing, Peking
pelle *m* — skin
pellegrinaggio *m* — pilgrimage
pellegrino *m* — pilgrim
pendice *m* — slope
pensiero *m* — thought
pensione *f* — pension
peperone *m* — pepper, capsicum
per grandezza — by size
per incarico di — on behalf of
per mezzo di — by means of
per quanto riguarda — concerning, as for
per scherzo — as a joke
per tre volte — three times
percentuale *m* — percentage
perciò — therefore
percorrere — pass through 53; follow 58
percorso *m* — route
percorso scolastico *m* — school career
perdere la causa — lose the case
perfezionato — perfected, improved
pericolo *m* — danger
periferia *f* — outskirts, suburbs
permesso di soggiorno *m* — residence permit
permettere di — allow *(someone)* to
permettersi — afford *(to buy)*
però — however
perseguitato — persecuted
persiano — Persian
persona anziana *f* — senior citizen
personaggio *m* — figure, personality
pesantissimo — very heavy
pesca f — fishing 12, 37, 64, 70; peach 66
pescatore *m* — fisherman
pesce *m* — fish
peschereccio *m* — fishing boat
pescoso — full of fish
petrolchimico — petrochemical
petrolio *m* — oil
piacevole — pleasant
pianeggiante — flat, level
pianeta *f* — planet
pianta *f* — plant
pianta a croce greca *f* — Greek-cross plan
piantato — driven, hammered
pianura *f* — plain
pianura padana *f* — Po plain
piatto *m* — plate
piè di pagina, a - — at the bottom of the page
piedi nudi, a - — barefoot
pieno di — full of
pieno sviluppo, in - — in a time of active expansion
pietra *f* — stone
pietra preziosa *f* — precious stone
pinacoteca *f* — art gallery
pittore *m/f* — painter

pittura *f* — painting, picture
piuttosto — rather
più di — more than
più, di - — most
pneumatico *m* — tire, tyre
poco a poco, a - — gradually
poco, di - — by a little
poggiare — rest, be supported
poi — then
poiché — since, as
polacco — Polish
politico *m* — politician
poliziotto *m* — police officer
pollo *f* — chicken
polmone *m* — lung
polo industriale *m* — industrial center
Polonia *f* — Poland
poltrona *f* — armchair
pomeriggio *m* — afternoon
ponte *m* — bridge
popolare — working-class 9; popular 24, 26, 52, 53, 64; folk 27, 44
popolato — populated
popolazione *f* — population
popolo *m* — people
porre in primo piano — bring to the fore
porre le basi — lay the foundations for
porta *f* — door
portare — bear 9; bring 26, 46, 47; carry 47
portato, per la quale si sente più - — for which s/he feels best suited
portare a termine — bring to a conclusion, finish
portare avanti — develop, get on with
portico *m* — arcade
posto, al - di — in place of
posto di guardia *m* — sentry post
posto di lavoro *m* — job
potente — powerful
potenza *f* — power
potenza marittima *f* — maritime power
poteri assoluti *m pl* — absolute powers
povero — poor
povero di — lacking in
pranzare — have lunch
pranzo di nozze *m* — wedding reception
praticante *adj* — practising, regular churchgoer
praticare — practice, carry out
praticare un commercio — trade, do business
praticare un sport — do a sport
prato *m* — meadow
precedemente — previously, before
precipitare — crash
preciso — exact, precise
predicare — preach
predicò — *passato remoto of* **predicare**
preferito — favorite, favourite
preghiera *f* — prayer
premiare — win a prize
premio *m* — prize
prendere il fresco — take the air
prendere il sole — sunbathe

prendere un caffè — have a coffee
presentare — present 8, 36, 47; show 18, 21
preso — taken
presso — with 12; near 39, 70
prestito *m* — lending
prevalentemente — mainly
prevalenza *f* — predominance
prevedere — anticipate 22; include 48
prezzo *m* — price
prigioniero *adj* — captive
prima *adverb* — first
prima comunione *f* — first communion
primavera *f* — spring
primo *adj* — first
primo luogo, in - — in the first place
principale — main, most important
principalmente — mainly
principe *m* — prince
principio *m* — principle 23; beginning 24
pro capite — per head
processo *m* — lawsuit
proclamare — proclaim
procurare — obtain
prodotti per la casa *m pl* — household goods
prodotto lavorato *m* — manufactured goods
produrre — produce
produttore, produttrice *m, f* — producer
professionista *m/f* — professional (player)
professore *m* — teacher
profondità *f* — depth
profondo — deep
profugo *m* — refugee
profumo *m* — smell
progettare — design
progettista *m/f* — designer
progetto *m* — design
programma di intrattenimento *m* — entertainment program(me)
proiezionista *m/f* — projectionist
promessi sposi *m pl* — betrothed (engaged) couple
promontorio *m* — headland
pronto — ready
pronunciare — say, utter
pronunciare un discorso — give a speech
proporre — propose
proprietà, di mia - — that I own
proprietario *m* — owner
proprio — own
proprio in — just, right in
prosciutto *m* — ham
proseguire — continue
prospettiva *f* — perspective
protagonista *m/f* — main figure 16; main character 24, 29
proteggere — protect
provare — try
provenire — come from
Provenza *f* — Provence
provocare — cause

provvedere a — look after
pubblica amministrazione f — government service, administration
pubblicità f — advertising
pubblico impiego m — government service, administration
pulito — clean
punta f — point
puntata f — episode
punto d'incontro m — meeting place
punto massimo m — height
pupazzo m — puppet
pur — even though
pure — as well
purtroppo — unfortunately

## Q

quaderno m — note book
quadro m — painting
qualche — some
qualcuno — someone
quartiere m — district
quarto — fourth
quasi — almost
quercia f — oak tree
qui — here
quindi — so, therefore
quotidiano m — daily newspaper
quotidiano — daily

## R

raccogliere — took on 14; bring together 31; gather, pick 50
raccolto m — harvest
raccontare — tell
radere al suolo — raze to the ground
radice f — root
raffigurare — depict, represent
raggiungere la massima diffusione — reach its greatest popularity
raggiungibile — accessible
ragione f — reason 9 (motive); reason 23, 24 (thought)
ragioniere, ragioniera m, f — accountant
ragno m — spider
rallegrare — brighten up
ramo m — branch, tributary
rapporto m — relationship
re m — king
Re Magi m pl — Three Kings
realizzare — make 8; achieve 16, 22
realizzazione f — achievement
recitare — act
reclamizzato — advertized
reddito m — income
reddito, basso - m — low income
reddito, discreto - m — low income
reddito, fonte di - m — source of income
regalo m — present
reggere alta nella mano — hold in the hand
regione autonoma f — autonomous region
regista m/f — director
regno m — kingdom

regola f — rule
regolarità, con - — regularly
regolato — adjusted
religione ebraica, di - — of Jewish faith
religioso — religous
Remo — Remus
rendere — make
rendersi conto — realize
rene m — kidney
reprimere — repress
repubblica marinara f — marine republic
restare — stay
rete telefonica f — phone network
rete telematica f — communications network
rete televisiva — TV network
ricavare — get back, obtain
ricchezza f — wealth
ricco — rich
ricco di — rich in
ricerca f — research 8, 72; search 20
ricerca di, alla - — in search of
ricercare — look for
richiamare — attract
richiedere — require
ricopiare a mano — copy by hand
ricoperto — covered
ricordo m — memory
ricorrenza civile f — public anniversary
ricoverato m — patient
rifare — do again
rifarsi a — follow (style)
riferirsi a — refer to
rifornirsi di — get stocks of
rifugiarsi — take refuge
riga f — line
rigidamente — strictly
riguardare — concern
rilanciare — throw again
rilasciare — issue
rilevante — considerable
rimanere — remain
rimanere cieco — become blind
rimanere in carica — stay in office
Rinascimento m — Renaissance
rinfresco m — party
rinnovamento m — renewal
rinomato — well-known, famous
rinunciare a — give up
ripido — steep
ripieno — stuffed
riposarsi — rest
riprendere — take back, regain
risaia f — paddy field
risalire — go up
risalire a — date back to
riscoprire — rediscover
riso m — rice
risparmiare — save (money)
risparmiatore, risparmiatrice m, f — saver
rispecchiare — reflect
rispettare — comply with
rispettivamente — respectively
rispondere — reply
risvegliare — wake up, rouse

ritmo m — rhythm
rito civile m — civil ceremony
ritornare — return
ritratto m — portrait
ritrovai, mi - — found myself (passato remoto of ritovarsi)
riunione f — meeting
riunirsi — meet up, join up
riuscire a — succeed in
rivedersi — see each other
rivendere — resell
riversarsi — pour (out)
rivista f — magazine
rivolgersi — go and see
robusto — sturdy, robust
roccioso — rocky
romanico — Romanesque
romana, alla - — Roman style
romanzo m — novel
romanzo adj — Romance (language)
rosa — rose
rosa — pink
rotare intorno — rotate round, move round
rotondo — round
roulotte f — caravan
rovina f — ruin
rubare — steal
ruolo m — role

## S

sacerdote m — priest
Sacro Romano Impero m — Holy Roman Empire
saggio m — essay
saggistica f — essays (in general)
sagra f — festival
sala da concerto f — concert hall
salario m — pay, wage
salatini m pl — snacks
saletta di proiezione f — projection room
saliera f — saltcellar
salvia f — sage
sano — healthy
Santo Patrono m — patron saint
santuario m — sanctuary
Sassonia f — Saxony
Savoia f — Savoy
sbagliato — incorrect, mistaken
sbarcare — disembark, land
scacciare — drive away
scaffale m — shelf
scalare in solitaria — climb solo
scambi con l'estero m pl — foreign trade
scappare — escape
scarpa f — shoe
scarseggiare — be scarce, short of
scatolone m — large box
scavato — dug, hollowed out
scegliere — choose
scelta, a - — there is a choice of
scena f — stage 26; scene 29
scendere — go down
scherzare — joke
schiavo m — slave
sciare — go skiing

scienza del linguaggio f — science of language, linguistics
sciogliere — dissolve
scioglilingua m — tongue twister
scioglimento m — melting
scioperare — go on strike
sciopero m — strike
scogliera f — cliff
scolaro m — school student
scolastico adj — school
scolpire — sculpt
scommessa — bet
scomparire — disappear
sconfiggere — defeat
sconfitta f — defeat
sconosciuto — unknown
scontro m — collision
scoprire — discover
scopritore m — discoverer
scorrere — flow
scozzese — Scottish
scritta f — what is written (on sign)
scrittore, scrittrice m, f — writer
scudo m — shield
scuola serale f — night school
secco — dry
secolo m — century
secolo dei lumi — the Enlightenment
seconda di, a - — according to
secondo — according to
sede f — seat 30; headquarters 32, 57, 60, 61, 68
sedersi — sit down
sedia a sdraio f — deck chair
segnale (stradale) m — road sign
segnare — mark
segnare il confine — mark the border
seguace m — follower
seguente — following
seguire — follow
seguito, in - — following that, then
selva f — forest
selvaggio — wild
selvatico — wild
sembrare — seem, appear
semiserio — half serious
semplice — simple
sempre di più — more and more
sensazione f — feeling
sensibilizzare — make aware
sentiero m — path
sentimento m — feeling
sentinella f — sentry, guard
sentire, sentirsi — feel 44
sentito, Hai mai - parlare di...? — Have you ever heard of...?
senza lavoro — unemployed
seppellito — buried
serata f — evening
serio — serious
servire a — be used for
servirsi da solo — self service, help oneself
servirsi di — make use of
servirsi per lavorare — be used for work
servizi m pl — services
sesto — sixth
seta f — silk

settentrionale adj — north
settentrione f — north
sfiducia f — lack of confidence
sfilare — parade, march
sfilata (di moda) f — fashion show
sfociare — flow into (sea)
sfondo m — background
sfruttare — make the most of
Si fa presto a dire — It's easy to say
sia — congiuntivo di **essere**
sicuramente — certainly
sicurezza f — security
sicuro — sure
siderurgico adj — steel
sigla f — acronym, initials
significare — mean
significato m — meaning
simile — similar
sin da — right since
sindacalista m/f — trade unionist
sindacato m — trade union
sindaco m — mayor
sindone f — shroud
sistema di rapporti m — gear system
sistema maggioritario m — majority system
sistema montuoso m — mountain range
sistema nervoso m — nervous system
sistemarsi — get sorted out, settle
Siviglia — Seville
slavo — Slavic
smalto m — enamel
smarrito — lost
smeraldo adj — emerald
società consumista f — consumer society
socio m — member
soffitto m — ceiling
soggetto m — subject
sogno m — dream
soia f — soy, soya
solamente — only
soldato m — soldier
soldi m pl — money
solennità f — feast day
solito, di - — usually
solitudine f — loneliness
solo/a/i/e, da - — by himself/ herself/itself/ themselves
soltanto — only
sommergibile m — submarine
sommossa f — uprising, revolt
soprannome m — nickname
soprattutto — especially, above all
sorgere — rise, appear
sorreggere — hold up, support
sorvolare — fly over
sostegno di, a - — in support of
sostenere — support
sostituire — substitute
sottile — subtle
sotto forma di — in the form of
sotto la guida di — under the leadership of
sottolineare — emphasize
sottomesso — subject to
sottotitolo m — subtitle

sovrapposto — superimposed
spada f — sword
Spagna f — Spain
spagnolo — Spanish
sparito — disappeared
spaventoso — frightening
spazio m — space
specie — especially
speculazione edilizia f — property speculation
spendere (i soldi) — spend (money)
speranza f — hope
sperduto — lost, out-of-the-way
sperone m — spur
spesa f — expense
spesa, fare la - — go shopping
spettacolo musicale m — musical show
spezie f pl — spices
spiaggia attrezzata f — beach equipped with sunloungers, sunshades
spiegare — explain
spina dorsale f — spine, backbone
spingere — push
spionaggio m — spying
spoglio — simple, bare
sponda f — bank
sport m della palla — ball sport
sposi m pl — (married) couple
spostamento m — change of position
spumante — sparkling
squadrone m — squad
squilibrio m — imbalance
stabilimenti m pl — works
stabilire — decide
stabilirsi — settle
stabilizzare — stabilize
staccarsi — break away
stagione, di - — seasonal
stampa f — press
stampato — printed
stare in casa — be at home
statale adj — state, public
Stati Uniti (d'America) — USA
stato m — state
stato d'animo m — state of mind
Stato Pontificio m — Papal State
statura f — height
statuto speciale, a - — with a special status
sterrato — unpaved, not tarred
steso — hung out
stilista di (alta) moda m/f — designer
stipendio m — salary
stivale m — boot
stoffa f — material
storia — story; history
storico — historic
strada in salita f — road going uphill
straniero — foreign 7, 15, 24, 28, 55; foreigner 13, 16, 38, 60, 67
strapiombo su, a - — overhanging
stravagante — strange
stretto — narrow
stretto m — straights
strumento ottico m — optical instrument
studioso m — scholar

| | | | |
|---|---|---|---|
| su di | about | tossicodipendente m/f | drug addict |
| subire | undergo | tra | among |
| subito | immediately | traccia f | trace |
| succedere | happen 11; succeed 13, 14 | traghetto m | ferry |
| suono m | sound | tralasciato | left out |
| superare | exceed 23; pass 43; be more than 71 | trascritto | transcribed |
| superficie f | area | trasformare | manufacture 37; change 45, 57, 64, 73 |
| superiore | high 43; superior 49 | trasformazione f | conversion |
| svedese | Swedish | trasmettere | pass on 15; broadcast 31, 35, 41, 68 |
| sveglia f | alarm clock | | |
| sventola f | wave (flag) | trasporti m pl | transportation, transport |
| Svezia f | Sweden | | |
| sviluppare | develop | trattare | treat 14; negotiate 45; discuss 60 |
| Svizzera f | Switzerland | | |
| svizzero | Swiss | trattarsi di | be a matter of, be about |
| svolgere | carry out 9; take place 29, 43, 47, 50, 73; go on 29 | | |
| | | trattato m | treaty |
| svoltosi | went on, took place | tratto | taken from 22; time, interval 23 |

**T**

| | | | |
|---|---|---|---|
| tacco m | heel | tredicesimo | thirteenth |
| taglio m | cutting | tronco m | tree trunk |
| talvolta | sometimes | trovare | find |
| tamburello m | tambourine | trovò | passato remoto of trovare |
| tangente m | bribe, cut | | |
| tartufo m | truffle | tufo m | soft volcanic rock |
| tavola, a - | at table | turno m | system for taking vacation, holiday, at different times |
| tavolino m | small table | | |
| tecnica f | technique | | |
| tecnico m | technician | tutt'intorno | all around |
| tedesco | German | tuttavia | nevertheless |
| telegiornale m | news program(me) | tutto, di - | a bit of everything |
| telegrafo m senza fili | wireless telegraph | tutto il mondo, di - | from all over the world |
| televisivo adj | television | | |
| televisore m | television set | **U** | |
| tema m | subject | uccellino m | little bird |
| temperato | moderate, temperate | ucciso | killed |
| | | ufficio anagrafe m | registry of births, marriages and deaths |
| tempesta (di neve) f | snowstorm | | |
| tempo, nel - | with time | | |
| tenda f | tent | uguaglianza f | equality |
| tenere | hold 5, 30; have 50 | uguale | equal |
| tenere corsi | hold courses | ulivo m | olive tree |
| tenere un comizio, discorso | give a speech | ultimo | last |
| | | umano adj | human |
| tentativo m | attempt | unico | sole, only |
| tenuto | held | uniforme | even |
| terme f pl | baths (spa) | Unione europea f | European Union |
| terminare | end, finish | uomo m | man |
| terra, a - | on the ground | uomo politico m | politician |
| terzo | third | uscire di casa | leave home |
| tesi m | thesis | uso comune, di - | in common use |
| tessile | textile | usura f | lending at very high interest rate |
| tessuto pregiato m | fine fabrics (silks, etc.) | | |
| | | utile | useful |
| tetto m | roof | uva f | grapes |
| Tevere m | Tiber | | |
| tifoso m | fan, supporter | **V** | |
| tirare coriandoli | throw confetti | vacanze estive f pl | summer vacation, holidays |
| tirato | pulled | | |
| tivù m | TV | valle f | valley |
| tomba f | tomb, grave | valle, a - | downhill |
| tombino m | drain cover | vantaggio m | advantage |
| tono m | tone | vantare | boast |
| tornare | return | vario | different, various |
| torre f | tower | varia provenienza, di - | from different origins |
| torrente m | fast-flowing stream | | |
| torrone f | nougat | vecchio | old |
| torta nuziale f | wedding cake | vedova f | widow |

| | | |
|---|---|
| vedovo f | widower |
| vela f | sailing |
| veloce | fast |
| velocità, a tutta - | at high speed |
| venditore | seller |
| Venere | Venus |
| veneziano | Venetian |
| venire chiamato | be called |
| venne | passato remoto of venire |
| ventenne | 20-year-old |
| ventina f | about 20 |
| verdura f | vegetables |
| vergine f | virgin |
| verità f | truth |
| vero, il - | what is true |
| verso | towards |
| vestiti firmati m pl | designer clothes |
| vetri colorati m pl | stained glass |
| vetrina f | shop window |
| vetro m | glass |
| via f | road, street |
| via di restauro, in - | being restored |
| via mare | by sea |
| viale m | avenue |
| viale del tramonto, sul - | their time is over |
| vicenda f | event |
| vicinanze f pl | vicinity, nearby |
| vicino | near |
| vicolo m | alley |
| vigilare su | watch over |
| vigilia di Natale f | Christmas Eve |
| vigneto m | vineyard |
| villa f | house |
| villaggio turistico m | tourist resort |
| vincere | win |
| vincitore m/f | winner |
| vino da tavola m | ordinary wine |
| vino pregiato m | vintage wine |
| visse | passato remoto of vivere |
| vita f | life |
| vita, a - | for life |
| vita quotidiana f | everyday life |
| vite f | grapevine |
| vitello m | calf |
| Viva | Long live |
| vivace | lively |
| vivere | live |
| vivere di | live by |
| vivo | alive |
| voce f | voice |
| volerci | need |
| volere | want, wish |
| voler dire | mean |
| volta f | vault 20, 68; time 10, 30, 31, 39, 69; turn 47 |
| volta, a loro - | in their turn |
| volte, a - | at times |
| volta a crociera f | cross vault |
| volta, qualche - | sometimes |
| volto m | face |

**W**

| | |
|---|---|
| Walser | Waldensians |

**Z**

| | |
|---|---|
| zafferano m | saffron |
| zucchero filato m | candyfloss |